青

U0581601

会说才能赢
幽默

谢伦浩 马宏程 / 主编

辽宁人民出版社

© 谢伦浩　马宏程　2014

图书在版编目（CIP）数据

幽默 / 谢伦浩，马宏程主编. —沈阳：辽宁人民出版社，
2014.1（2024.1重印）
（会说才能赢）
ISBN 978-7-205-07844-7

Ⅰ. ①幽… Ⅱ. ①谢… ②马… Ⅲ. ①幽默（美学）—语言艺术 Ⅳ. ①H019

中国版本图书馆 CIP 数据核字（2013）第278600号

出版发行：辽宁人民出版社
　　　　　地址：沈阳市和平区十一纬路 25 号　邮编：110003
　　　　　电话：024-23284321（邮　购）　024-23284324（发行部）
　　　　　传真：024-23284191（发行部）　024-23284304（办公室）
　　　　　http://www.lnpph.com.cn
印　　刷：辽宁新华印务有限公司
幅面尺寸：160mm×230mm
印　　张：10
插　　页：1
字　　数：133千字
出版时间：2014 年 1 月第 1 版
印刷时间：2024 年 1 月第 3 次印刷
责任编辑：孙姣娇
装帧设计：丁末末
责任校对：吴艳杰
书　　号：ISBN 978-7-205-07844-7
定　　价：48.00元

编 委 会

主　编　谢伦浩　马宏程

编　委　白　莹　谢武龙　吴　谦　黄杨槟

　　　　聂　琪　蔡龄锋　张小倩　黄嘉熠

前　言

　　说话是一门艺术，更是一门高超的语言表达艺术。

　　古今中外很多卓越的口才大师凭借着超凡的说话能力往往是胸藏百汇，舌吐风雷，振臂高呼，应者云集，挽狂澜于既倒，助巨浪而前行。他们的口才表达能力具有神奇的感染力、说服力和鼓动性。

　　战国时的苏秦依仗三寸不烂之舌，游说东方六国，身挂六国相印，促成合纵抗秦联盟；三国时诸葛亮出使东吴，舌战群儒，终于说服吴王孙权和都督周瑜联刘抗曹，大破曹兵；周恩来总理多次在谈判桌上，以他那闻名世界的铁嘴挫败敌手，捍卫祖国尊严……无数事实说明，说话艺术能发挥改天换地、惊天动地的巨大作用。

　　在现实生活中，改革开放的政治形势和现代信息化社会环境，使信息量增大，信息流传加快，口才交际机会增多，说话表达场合拓宽。理论家崇论宏议，情动四海；军事家侃侃而谈，不容置喙。此外，企业家的谈判，营业员的推销，学者的交流都要有非凡的说话技巧。正因为如此，说话艺术作为一种宣传真理的好工具，获取信息的好途径，扩大联系的好机会，求知学习的好渠道，锻炼口才的好方法而受到人们特别是青少年朋友的重视。我们曾看到不同行业、不同年龄、不同层次的人们置身讲坛，英姿焕发，即兴而说；他们或大声疾呼，力陈改革之策；或纵横畅谈，议论美好前程；

或热血沸腾，讴歌伟大祖国；或慷慨陈词，痛斥不正之风；或精细剖析，阐明人生哲理……声情并茂，鞭辟入里，令人难忘。

　　说话是一门艺术，也是一种技术。包括演讲之术、论辩之技、幽默之法、交谈之策、对话之谋……作为技巧，是可以通过后天的训练而习得的。为了提高读者朋友的说话表达能力，我们编写了这套《会说才能赢》说话艺术丛书。丛书共6册，分别为《演讲》、《论辩》、《幽默》、《对话》、《妙答》、《奇辩》。本套丛书讲求实用操作性与知识趣味性的统一，它可以作为读者朋友提升说话能力技巧的专业读物，更是对演讲、论辩、幽默等语言表达艺术情有独钟的青少年朋友的良师益友。

　　相信这套丛书的出版能促使你成为一个：

　　有卓越技巧的人，

　　有优良品质的人，

　　能适应时代、影响社会的人。

《会说才能赢》编委会

2013 年 10 月

目 录
Contents

> 偷换概念、有意混淆，是指故意地将不同的概念混淆，不会当作一种错误被排斥，而是作为一种能产生幽默的妙方加以重视和利用。

"当然是联合国"

偷换概念是形式逻辑中的一个常用术语，是违反同一律的逻辑错误之一，即在同一思维过程中，概念不确定，不同一。例如："群众是有无穷智慧的；我是群众；所以，我是有无穷智慧的。"在上面的推理中，大前提的"群众"是集合概念，而小前提中的"群众"是非集合概念，这里将集合概念与非集合概念混淆起来，故犯了偷换概念的逻辑错误。但借用到幽默中，即是指故意地将不同的概念混淆，不会当作一种错误被排斥，而是作为一种能产生幽默的妙方加以重视和利用。

偷换概念有时是借用同一词语在不同语境中有不同内涵，而故意将用于彼语境中的内涵偷换到此语境中，从而造成说话者双方在逻辑上的不统一。如：

这是俄罗斯钢琴家安·鲁宾施坦让座位的故事：

音乐会就要开始了，这时一个精力充沛的女人闯进了演员休息室。

"啊，鲁宾施坦先生，见到你，我真是太幸福了。我没有票子，求您给我安排一个座位吧。"

"可是，太太，剧场可不属我管辖，这儿一共只给我一个座位……"

"把它让给我吧，您就行个好吧！"

"行，我把这个座位让给您，要是您不拒绝的话。"钢琴家微微一笑地说。

"我？拒绝？简直不可思议！领我去吧！座位在哪儿？"

"在钢琴旁边。"

那个女人只管闹着要"座位"，而"座位"是类概念，它包括"钢琴家的座位"和观众"座位"，既然她不说明要什么"座位"，那么钢琴家也有理由把自己的"座位"让给她。鲁宾施坦故意混淆"座位"的不同概念，是讽刺那个女人不太明智的要求，言谈中充满幽默感。

偷换概念的另一种重要方法是将两种截然不同的概念进行偷换，如：

①甲："我们厂的领导光明磊落，有话总是喜欢在桌面上谈。"

　乙："在什么地方谈？"

　甲："饭店雅座。"

②甲："听说你要跟表妹结婚了？"

　乙："是的。"

　甲："婚姻法上不是规定近亲不能结婚吗？"

　乙："我们不近，我长在南方，表妹住在北方，相隔远着哩！"

③甲："世界上哪一国人口最多？"

　乙："当然是联合国。"

例①中，"在桌面上谈"意指有话说在当前，不搞背后小动作，这与"饭店雅座"是两个截然不同的概念。例②中，婚姻法中的"近亲"系指"亲缘"关系，与"地缘"即距离相隔的远近是两个完全不同的概念。例③中，"哪一国"是指某一个具体国家，而"联合国"是不属于同类范围的。将不同类的概念混淆，故构成了幽默。

从以上各例中，我们可以看出，偷换概念并非无限制的乱偷乱换，用来偷换的概念与被偷换的概念之间多多少少总存在一些联系。或者有字面

上的联系，或者有类属、字义上的联系。这种微妙的联系是"偷换"的前提，"偷换"是否自然，是否能水到渠成，关键就是看能否准确把握住这一点细微的联系，并从中将"文章做大"。

"偷换概念"一"偷"一"换"都得小心细致，胆大慎微，搞不好就会弄巧成拙，大煞笑意。

> 有意避用语词的专门意义，取其字面意义，就会产生巨大的思维落差，给人出乎意料而又不悖情理的新奇感，幽默也就随之而生。

"请你们吃不了兜着走"

语词或成语在运用时往往形成通行的专门意义——引申义或比喻义，这种意义在人们长期的使用过程中，已经约定俗成，为人们所习惯、所遵从，形成一种思维定式。如果我们有意避用它们的专门意义，取其字面意义，就会产生巨大的思维落差，给人出乎意料而又不悖情理的新奇感，幽默也就随之而生。这就是语义还原，直说直解幽默法。

郑逸梅《龙门阵·自暴其丑》中有一段话可以说是运用此法的典型，堪称绝妙。

我今年93岁，须发全白，是个"皓首匹夫"；牙齿已经全部脱落，是个地道的"无耻（齿）之徒"；老伴早逝，一人独居，是个"独夫"；身患心脏病，时好时坏，是个"坏良心"；年老体衰，骨头缺钙，属于"软

骨头”；每早吃稀饭、腐乳，可谓"生活腐化"；午饭喜吃红烧肉，古人云："食肉者鄙"，照此说来，我又是一个"鄙夫"；我一辈子执教鞭，又常参加社会活动，兼写文章，是个"不务正业"之徒；家中各种新颖家具一概不懂用，是个"笨伯"；常言道："老而不死是为贼"，我年届耄耋，当然是个十足的"老贼"了。

文史学家、"补白大师"郑逸梅先生运用只取字面意思的"直解"方式，将语义还原，从身体到生活，从工作到家务又及年龄事业等进行了系列的自嘲，文雅诙谐，别出心裁，妙趣横生，令人捧腹，创造了浓郁的幽默美感。

清和园餐馆里，进来一对恋人。小伙子一口气点了满满一桌子菜。两人竟没有吃完，这时，热情的服务员走了过来，递给他们食品袋，笑着说："二位别急着走呀！来，请你们吃不了兜着走！"话音刚落，这对恋人忍不住"扑哧"一笑，感激地接过食品袋，装下了桌上剩余的菜肴。

服务员巧妙地利用特定的情境，运用语义还原的方法，将"吃不了兜着走"这句人们通常理解为"吃不消"的意思的话，还原成"吃不了的饭菜用袋子兜着走"这个字面意思。服务员将一句本义为损人、威胁人的话，变成了风趣、幽默、充满友好和温暖的劝告，收到了很好的表达效果。要是直接说"这里有袋子，请你们把剩下的菜装走"，那样，服务态度虽不错，可是那风趣、幽默就无影无踪了。

从以上两例我们基本上可以了解语义还原、直说直解的表达特点，即运用使用语言时的求异思维，打破约定俗成的语义思维定式，根据交际需要和特定情境临时赋予某一词语以"与前不同"的意义，给人一种"出乎意料"而又不悖情理的新奇感。这种反常规使用的巨大落差和思维机智，会产生强烈的幽默感，给人一种心理愉悦和情趣的满足。这种方法的使用需要一定的条件，一是所"还原"的语词的固定义要众所周知，一听就能想到；二是所使用的词的字面义确实是该语词字面所具有的意义，而且能与语言环境相适应、相协调。缺少其中任何一条，都无法构成幽默。

　　清朝有一个县官，最怕热天，一到夏天他就热得喘不过气来，千方百计要找个天下最凉快的地方。许多人给他出主意，有的说那个山幽雅，有的说这个寺清凉，有的说塔尖上最凉快，还有的说高粱地边上最凉快。一个衙役说："嗨，这里凉快，那里凉快，但都不如坐在这大堂上凉快！"县官问他："为什么呢？"衙役说："这里是有天无日的地方！"

　　"有天无日"通常被用来形容"黑暗的社会现实"，等同于"暗无天日"，如果离开了"乘凉"这一具体的语言环境，便无法还原它的字面意思。

　　一个年轻人骑着自行车正慢行，后面一辆自行车突然飞速而来，将他撞了个人仰马翻。年轻人从地上爬起，开了个玩笑："老兄啊，看你这车技，真叫我五体投地。"一边说一边扶起车子，与这位"初交"并肩而行。

　　"五体投地"的固定义是敬佩某人的技艺达到了炉火纯青的地步，让人羡慕。而年轻人利用撞车这一语境，将"五体投地"还原成词面义，对撞倒他的骑车人作了委婉的批评。使用"语义还原"的方法，根本的是要具备思维的机智和敏捷，因为他是瞬间思维灵感的火花。但它并不神秘，也不深奥，一般小孩子都能用。例如，有一位老师对学生说："你写的作文，没有头绪，散乱不清，要重写！"学生答："老师，我写的是散文啊！"这里学生便利用了"语义还原"法，将专用为文体的术语"散文"理解为"散乱的文章"。因此，只要我们以一种乐观、调侃的态度对待生活，有一定的文化素养，那么，这种幽默技巧也并不是我们想象中的那么难以掌握。

> 添词减字、句意翻新是指在保持原语序基本不变的情况下，加几个字或者减几个字，使句意完全不同甚至相反，幽默趣味也就在这种句意的翻新中产生。

"这就是驴脸的诸葛瑾"

添词减字法也是幽默中经常采用的方法之一。它是在保持原语序基本不变的情况下，加几个字或者减几个字，使句意完全不同甚至相反，幽默趣味也就在这种句意的翻新中产生。接下来，我们将对添词法、减字法进行分别叙述。

首先，我们来看添词法。所谓"添词"法，就是结合语境，在句子中恰当的位置添加字、词，改变句子原意的方法。

诸葛亮有个哥哥叫诸葛瑾，字子瑜，在孙权手下当差。此人脸长得很长，有人称他驴脸。诸葛子瑜有个儿子叫诸葛恪，因勤奋好学又聪明，当时被誉为"神童"。一日，孙权大宴群臣，叫人牵一头驴来，拿个字条，上面写了："诸葛子瑜"四个字，贴在驴头上。意思是说："这就是驴脸的诸葛瑾。"惹得在场人哄堂大笑，弄得诸葛瑾非常难堪！

诸葛恪马上就想出一个办法给父亲解围，他跪在孙权面前说："小臣请笔，添两个字。"孙权说："好吧。"诸葛恪就在"诸葛子瑜"下面添了两个字"之驴"。再一看："诸葛子瑜之驴。"孙权毫无办法，让诸葛瑾白拉走了一头驴。上例中，诸葛恪利用了添字法，不仅解除了父亲所处

的窘境，而且意外机智地获得了一头驴，巧妙地报复了孙权对其父亲诸葛瑾的戏弄，真乃"一箭双雕，一举两得"。

明朝大臣洪承畴，一向道貌岸然，常以忠节自名，他在自己的厅堂上，高挂了一副对联：

君恩深似海，臣节重如山。

1642 年，他在松山兵败被俘，投降了清朝，后随多尔衮入关，占领北京，任兵部尚书兼右副都御史。有人在他堂上那副对联的末尾，分别加上"矣"、"乎"二字。

变为：

君恩深似海矣！臣节重如山乎？

虽然只加两个语气词，这副对联即完全变了味儿，由颂扬变成了对他的讽刺、嘲弄。

不着一字，讽刺、嘲弄却尽在这一叹一问之中。这就是添词法的作用，这就是幽默的力量。

减字法就是在句中去掉一些字、词，使句子的原意发生改变的方法。从前，有一人家儿子结婚，请一位先生写副喜联。由于招待不周，先生不高兴，写了一副挽联：

流水夕阳千古恨，春露秋霜百年愁。

亲朋中有几个识字的，看了都说这对子不吉利，该换一换，但一时又找不到人重新写。正在这时，新娘的花轿到了。新娘看了这副对联，没有说什么，上去把上下联的最后一个字撕掉，便成这样子：

流水夕阳千古，春露秋霜百年。

新娘这样一改，挽联的意思没有了，相反，说新婚夫妇要永远像流水夕阳那样恩爱和好，要像霜露那样白头偕老。这完全是一副喜庆的婚联了。

另有一财主，他的春联原来是这样写的：

发财户金银尽是，积善家福寿无穷。

但他听说春联去掉尾字便大吉大利，于是匆匆赶回家，把自家门上的那副春联裁去尾字，便成了：

发财户金银尽，积善家福寿无。

去掉了尾字"是"与"穷"，意思完全与原来对联相反，不仅不吉利，而且很晦气，令人发笑。

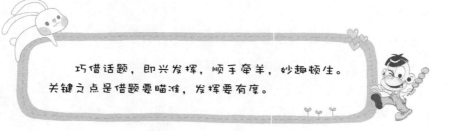

巧借话题，即兴发挥，顺手牵羊，妙趣顿生。关键之点是借题要瞄准，发挥要有度。

"我是窝囊货"

一位朋友和妻子吵嘴后，气得抱着八个月大的儿子到我家来诉苦，他说："结婚就是'明知山有虎，偏向虎山行！'"正在一旁的小弟听到搭了腔："不入虎穴，焉得虎子！"说得满屋人大笑。小弟借朋友手中的小孩，结合朋友的话题进行即兴发挥，恰到好处，幽默风趣，一下子化解了朋友对婚姻的烦闷与抱怨，"虎子"不就是你们爱情的结晶，是最值得欣慰的嘛！

这种借题发挥的幽默方法是借别人的话题，自己巧妙发挥，达到意想不到的幽默效果。其关键是借题要瞄准，发挥要有度，要恰到好处。

借题发挥的方法很多，下面我们介绍几种。

一是借俗语、俚语发挥。

清朝，某县城里新开了家"三和源酒店"，请当过嘉庆老师的赵中元去喝酒。酒后，赵中元题了"好酒"二字。这家酒店得到赵中元的赞美，生意一下子兴隆起来。后来，老板就开始在酒中掺水，赵中元知道了，又去喝酒，又写了"好酒"二字。老板于是水越掺越多，顾客越来越少。第三次，赵中元又去，写了"好酒"二字。有人问其中奥妙，赵中元说："好酒，好酒，好酒，话说三遍淡如水，我看他们的酒比水还淡！"酒店快要倒闭时，赵中元献给他们一首七绝："天地平如水，龙门月如水。家无读书水，官取何处水。"老板问："这句中怎么尽是水呢？"赵中元说："不知酒中是哪个掺进了水！"

这个幽默，赵中元并未借老板的话音，而是借俗语："话说三遍淡如水"，显得自然得体，辛辣又好笑，在笑声中，那位贪得无厌的老板的面目显得那么丑恶呀！

二是借言语中的某一个关键的字词、句进行发挥。

列车非常拥挤，走廊、过道都挤得满满的。某站上来一位青年，看到这阵势，立即像猴子一样攀上行李架，倒头便睡。乘警满头大汗挤过来，一看行李架上睡了个人，冲着他大声问："那上面是放货的，你算什么呢？"那青年懒洋洋地伸出头："我是窝囊货！"青年借"货"造句，虽带有自嘲的味道，但话题借得非常妙。一句话把一个不遵守公共道德的人暴露在阳光之下，无情却有情，这就是幽默的作用。

三是逻辑错误引发的借题发挥。

①学生甲："你说皇帝的自称是什么？"

学生乙："是寡人。"

学生甲："那么皇后的自称是什么？"

学生乙："皇后……是什么来着，噢，想起来了，皇后的自称是寡妇！"

②丈夫："万物生长靠太阳，太阳生长靠什么？"

妻子："靠月亮。"

丈夫："什么道理？"

妻子："月亮不沉下去，太阳能升起来吗？"

这类借题发挥，是一种逻辑错误的引发，但按幽默的技巧讲，却很巧妙，组接得水到渠成，天衣无缝。

老师问学生："你爸爸在什么单位工作？"

学生说："寺院里。"

老师问："在寺院里干什么？"

学生说："撞钟的。"

老师又问："你爸爸是和尚？"

学生说："是的，我爸跟我妈说：'做一天和尚撞一天钟。'"

既巧解了成语，又借题发挥，意在言外，生动有趣。

> 藏头露尾，巧设悬念，产生心理期待，然后使期待落空，可造成听众的心理释然，从而得到幽默享受。

"我用车把他撞了"

这种幽默方法是提出意思不完整的"话把"（有人称为"前结论"），让读者或听众产生某种心理期待，适时将最主要的（有人称为"后结论"），作者故意省略的细节全盘端出，造成突然转换的心理扑空，在巨大的变异里获取幽默效果。前结论为"露尾"，后结论为"藏头"。动用"藏头露尾"

010

法的关键是设悬念，有突转，造成一种起伏的心理变化。

一天，县官的太太、学官的太太和营官的太太在一起聊天，谈到各家老爷的头衔。县官的太太说："我家老爷是文林郎。"营官的太太说："我家老爷是武林郎。"轮到学官的太太了，她说："我家老爷是黄鼠狼。"县官的太太和营官的太太很惊奇，问道："怎么能这样称呼呢？"学官太太说："我常见老爷下乡办案回来，总带着许多鸡鸭，这不是黄鼠狼是什么？"学官的太太利用"黄鼠狼"卖关子，巧设悬念，构成一种期待心理，然后巧用歇后语"黄鼠狼给鸡拜年——不安好心"进行解说，出乎意外，与听众的期待心理形成强烈的反差，幽默就在这种巨大的落空中产生。江苏学者蔡泽平曾将"藏头露尾"幽默法归纳为四种：

一是因果式。因为任何事情都会有前因后果，此法即先将原因作"后结论"滞后，而让结果作"后结论"先行，令读者或听众迷惑地期待，然后平淡地道出原因，造成读者或听众的心理释然，从而得到幽默享受。

二是前提式。即先把读者或听众愿意看到或听到的事例摆出来，造成心理悬空期盼理念，待"前结论"明朗时，却发现并不是那么回事，后果否定了前因，条件的割裂形成不协调，不协调形成了风趣的幽默。

三是比较式。先故意提出模糊的"前结论"。在合作比较的环境里，读者或听众因心理定式，往往会联想到高层面，正当此时，将心理拉回原来的位置层面。在回归的层面里得到幽默效果。

四是相关式。即先摆出严肃的"前结论"，再提出看似不相关的"后结论"，让听者或读者感到莫名其妙，引起好奇感。这时突然抖出前后结论的相关笑料，使听者或读者的紧张心理化为乌有，从而创造幽默的效果。让我们共同呼吸享受"藏头露尾"法带来的幽默空气。

一位老处女向她的女友诉说："一想到我年轻的时候，我真是恨死了。""怎么啦，亲爱的，发生过什么事吗？""就是因为什么事都没发生过。"这就是前文所讲的"比较式"运用的成功范例。老处女先提出"前结论"

011

带有一定的模糊性，"恨死了"使听众想各种可能的、严肃的、不幸的事情，然后轻轻一句"就是因为什么事都没发生过"将对方紧张的心理拉回到原来的层面，大有虚惊一场，上当受骗之感。

小李不高兴地对妻子说："今天运气真不好，碰到个不讲理的家伙，他用难听的脏话骂我，还差点动手打我。""你怎么碰到他的？"妻子关切地问。"我用车把他撞了。"小李说。妻子"扑哧"笑了。

这里运用的是因果式方法。小李先摆出今天遇到的倒霉事，让妻子与听众认为他遇上了什么刁蛮的人了。后一句原因的解释"我用车把他撞了"令妻子"扑哧"，让听众释然。

餐厅门口，一位男子正在穿一件大衣，这时走来一位先生，恭恭敬敬地问道："对不起，请问您是让·皮埃尔先生吗？""不，我不是。""啊，我没弄错。"这位先生舒了一口气，"我就是他，您穿了他的大衣。"这是前提式方法的运用。皮埃尔先生巧设圈套，让先生误入，导出先生穿他衣服的真相。

小李近来不顺意，常以抽烟打发时光。这天，朋友来看他，他请朋友抽烟，朋友劝他戒烟，他当然不会接受。"我送你一句话。"小李想反驳对方的劝说，"男人不抽烟，长得像太监；女人不喝酒，长得像虎妞。"

"你的热情我心领，可这话我不敢随便说。"

"你这是什么意思？"小李很茫然。

"我还没有买冰箱呢！"朋友故作神秘语。

"那有什么关系呢？"小李更是不解。

"你讲的这句话，要不放在冰箱里，很快就会变馊的。"

这是相关式方法的运用。

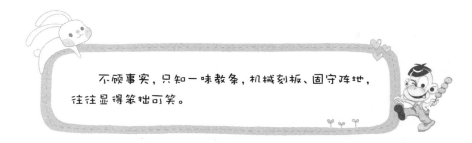

不顾事实，只知一味教条，机械刻板、固守阵地，往往显得笨拙可笑。

"我，我是你父亲"

"机械刻板"这一幽默理论方法是建立在生活中一些循规蹈矩的人言行上的。幽默家们或富有幽默感的人以此为原型，故意仿之，往往显得笨拙可笑。

话说有一学生，这天，先生教给他三个字"你、我、他"，并用它们造句。"你，你是我的学生；我，我是你的先生；他，他是你的同学。"学生回家后高兴地指着父母亲随口念出先生教的三个句子。父亲听了很气愤："我怎么是你的学生呢？我是你的爸；你，你是我儿子；她，她是你妈。"受了委屈的学生，来到学校，责怪先生："先生，您教错了，应该是这样的：'你，你是我的儿子；我，我是你爸；她，她是你妈。'"这位学生与他的父亲都是乖到家了，不懂得情境的变化应导致语言表达的变化。机械刻板，乖傻可笑。

柏格森在他《论笑》一书中指出，滑稽是"镶嵌在活东西上的机械的东西"。在瞬息万变的生活中，突然插进一个机械刻板的表现当然好笑。在卓别林表演的喜剧中，利用人物的机械僵化表现出的笑话，俯拾即是。有一个电影表现在高度机械化、自动化的流水线上，一个工人的全部动作都被扳螺丝钉的动作同化了，以至于他看到女人衣服上的纽扣也要当螺丝

钉去扳一下，结果笑话百出。机械刻板所遵循的原则是不顾事实，只知一味教条。

有一位小伙子，平时总是说出一些不吉利的话语，令人生厌。这天，他姐姐生了一个小孩，父亲同他前去祝贺，并特别叮嘱他，千万不要在席间说出不吉利的话，他高兴地答应了。席间，他一言不发，只管吃饭，姐姐问他为何不说话，他说："姐，我可是什么也没说，以后外甥抽风遭雷打，可不关我什么事啊！"

小伙子虽然席上什么也没说，可结尾处的假设还是没有顾忌此时不该说的话，不但情境与不吉利语产生尖锐矛盾，而且此人本身之愿望与不吉利语也产生尖锐矛盾，而不吉利语的习惯性、机械性力量竟然大到超过此人的自我控制力，闹到与自己作对的程度，怪异效果自然分外强烈。运用"机械刻板"进行幽默的思维特点是简单的、直线型的，表现出一贯性。

一次，老师发现同班的几位小朋友在作文中写的都是王府井扶着老奶奶过马路？"老师，您不知道老奶奶有多犟，她死活不肯过马路，我们费了牛劲，才硬把她架过去的。"

这就是孩子们做事的思维，简单、直线，对"学雷锋扶助老人"理解得如此机械，乖傻之态，令人喷饭。将用于此事物的言辞机械刻板地硬装到彼事物上，造成严重的不协调而生发幽默。

有个姓朱的老财，最讲忌讳，又讲文雅。他对新来的长工说："记住我家的规矩，我姓朱，不准你叫我时带'猪'字，叫自家老爷就行了。平时说话要忌粗俗，要文明，比如吃饭要说用餐，人死了要说逝世，犯人砍头不能直说，要说处决。"

几天后，他家一头猪得了瘟病。长工急忙向老爷报告说："禀老爷，有一自家老爷患疾了，叫它用餐不用餐，叫它就寝不就寝，让它康复也难了，不如把它处决了吧！"朱财主气得半天说不上话来。长工又说："要是不处决这个自家老爷，叫它逝世也好。"长工机械地把关于人的忌讳语统统

用到猪上，不自觉地使卑俗与尊贵颠倒错乱，弄巧成拙，闹出笑话。

有一个道学先生，走路一步三摇。恰遇下大雨，他急忙跑起来。忽然想到，乱跑有失尊严，君子犯了过失，应当勇于"改悔"，于是他又冒雨回到原来的地方，安详地在雨中踱起方步来。这个道学先生是那样机械真诚地恪守教条，迂腐得可笑。

迂腐与愚昧是构成幽默的法门之一，不要怕自己显得不聪明，更不要把聪明放在脸上，有时要装得呆一些，傻一点，机械刻板，幽默也就出来了。

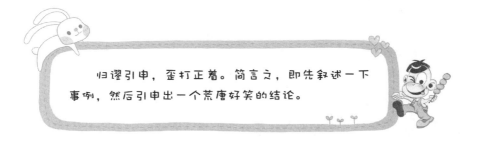

归谬引申，歪打正着。简言之，即先叙述一下事例，然后引申出一个荒唐好笑的结论。

"他们那是自作聪明"

妻子：听老人说人死了再次投胎时就不一定再做人了！

丈夫：可不，说不定会变猪、变狗、变猩猩。

妻子：知道你投过多少次胎了？

丈夫：难说，世界存在几千年了，至少转胎一二百次了吧！

这是在肯定"人死投胎"真有其事的基础上进行的一段对话。丈夫运用归谬法，将妻子的话题继续下去。由此可知，假设对方的观点正确是进行归谬的前提，在此基础上按逻辑的顺序推出一个荒唐可笑的结论是归谬引申所要达到的目的。此法的特点是欲擒故纵，设真推假。它的妙处是谬

之极谬。

归谬引申的方法有多种，大体来说可归纳为三种。

一是由说话者言行的前后矛盾引发的。如：

①儿子：爸爸，你的头上为什么老是秃的？

父亲：这是聪明绝顶。

儿子：和尚个个都聪明绝顶？

父亲：哦，他们都自作聪明。

②妈妈看见儿女闭着双眼站在镜子前，便问道："你这是怎么啦？"

女儿："妈妈，没什么，我想看看我睡觉时是啥样子呀！"

例①中，父亲将"秃"解释为"聪明绝顶"本来就是不科学的，是荒谬的，造成幽默的浅层次。后又将"和尚"的"秃头"解释为"自作聪明"，前后矛盾，后者推翻了前者，其荒谬性也就不言而喻，"谬上加谬"又自我暴露，幽默就在"谬极"的水落石出中产生。例②中，"闭着眼又站在镜子前"，本身行为就因为内在矛盾而带有谬的成分，但还只是给人一种模糊的谬感，不知她正在干什么或打算干什么。接下来，女儿的解释便将这种"模糊的谬感"清晰化。

二是照搬对方的歪理前提，由此及彼引发的。如：

①儿子："爸爸，每逢星期天，姐姐的男朋友总要上我们家来玩。这个星期天他怎么没有来？"

"他俩吹了！"爸爸回答。

"上星期天不是挺好的吗，怎么会吹呢？"儿子问道。

"他父亲前天退休了，现在已经不当局长了，他配得上你姐姐吗？"爸爸答道。

"爸爸，赶快给我找对象吧！"儿子向父亲提出了要求。

"别胡说，你今年才十五岁呢！"父亲生气地说。

"不，再过几年，你也退休了，不当科长，我能配得上谁呢？"儿子回答。

②有一个青年跟朋友学会了屠宰技术，他母亲知道后，很不赞成，对儿子说：

"人生一世，切不可屠杀生灵。你杀猪，来世就变猪；你杀牛，来世就变牛……"

她儿子听了，接着说：

"妈妈，照你这么说，我应该去杀人了！"

母亲一听，大惊失色：

"什么，你杀猪已够厉害了，还要杀人？"

儿子说："根据你刚才的说法，我只有现在去杀人，来世才能做人嘛！"

例①、例②中，两个儿子都利用了父亲、母亲言语中的荒谬之处，将谬推至极致，从而揭示对方言语的谬处。例①中，父亲的"门当户对"的落后婚姻观，在儿子的荒谬要求面前不堪一击；例②中，母亲的"杀猪变猪，杀牛变牛"的理论劝说更是站不住脚，在儿子的"杀人变人"的归谬引申面前，自现其丑。以"极谬"揭谬，幽默也就产生了。朋友，如果你对"归谬引申"还不甚了解，请记住下例：

县官有一件公文，派一个差役去送达，并给他特地派了一匹快马，叮咛他说："越快越好！"差役拿起鞭子，把快马打了一鞭子，自己便紧跟在马后跑。一好事者在后面喊："嘿，你怎么不上马？"差役喘着粗气说："六条腿该比四条腿跑得快吧！"

归谬引申法简言之就是这样，先叙述一事例，然后引申出一个荒唐好笑的结论。

> 大事小化，小事大化，妙处就在于改变了人们的习惯思维，给听众心理造成一种意外，并让幽默感从这种意外中自然而然地生发出来。

"怪不得山上的猴子越来越少了"

"大事小化，小事大化"在即兴幽默中就是采用"长话短说，短话长说"的方式表现出来。面对一些繁琐的、必须经过具体叙说才能表达清楚的问题，故意简单化，用简单的笼统的言语表达出来；对一些很简单的、三言两语就能讲清楚的问题，却绕着圈子，将短话尽力地拉长拉长，这种方法的妙处就在于改变了人们的习惯思维，该长说的话短说，该短说的话长说，给听众心理造成一种意外，并让幽默感从这种意外中自然而然地生发出来。这是创造幽默话的重要方法之一。这种方法运用的关键就在于一个"化"字。"化"不是简单的大事化小，小事化了，也不是无原则的小事化大。"化"要化得意外，化得自然，如神来之笔。我们还是用一些生动的事例，来说明这种方法的特点。

先看大事化小、长话短说。如：

有人问："美国女人和英国女人有什么不同？"

回答："美国女人是美国的，英国女人是英国的。"

这个问题虽然简短明了，却绝不是片言只语能说清楚的。它本身省略

了两国女人在文化背景下的一些差别，回答时要求对方补出来的。而回答者却故意避开了这一隐含内容，抓住国别的不同，巧妙地将大化小，长话短说，"美国女人是美国的，英国女人是英国的"，看似回答了问话，却等于没有回答，出乎人们的惯常思维，给人一种意外感，显得幽默而得体。

"妈妈，妈妈，再生一个弟弟吧！"

"别闹了，我没有时间。"

"您不是有休息日吗？"

妈妈将不生小弟的原因简单化，长话短说，结果导致小孩对"没有时间"的误会，说出"您不是有休息日吗"的天真、幼稚的幽默话语。

无独有偶，这里还有一则因"长话短说"造成的理解误会。

"妈妈，人真的是猴子变来的吗？"

"是的。"

"怪不得山上的猴子越来越少了！"

巧妙地运用长话短说可以化解尴尬。

售货员说："先生，买双皮鞋吧，它的寿命将和您一样长。"

顾客："我可不相信我会死得这么快！"

顾客将长话短说，曲折地批评了售货员的夸大其词，表达了自己对鞋的质量的怀疑。

小事大化就是虚张声势，兴师动众，对本可简短表达的话语，使用变长的说法，打破听者"短话短说"的习惯思维，让听者走进心理歧途；认为有新鲜的想法，但说者把话说完，听者却发觉是短话的变形说法，幽默在默契的意会之中。

有个学生在解答语文试卷时，不知如何答起，便顺手拈来写道：

一看试卷，二眼发呆，三思不解，四肢无力，五脏俱焚，六神无主，七孔流血，八面受敌，九死一生，十万火急，百废待举，千篇一律，万事皆休，不如归去！本来这个学生表达的意愿很简单："不会"。但他却迂回曲折，

极尽夸张之能事，说了一大圈才回到原地"不如归去"。

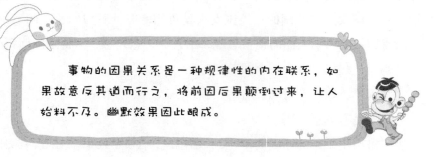

事物的因果关系是一种规律性的内在联系，如果故意反其道而行之，将前因后果颠倒过来，让人始料不及。幽默效果因此酿成。

"我的医术是高明的"

　　事物的因果关系是一种规律性的内在联系，并被人们的习惯思维所接受。如果我们故意反其道而行之，将前因后果颠倒过来，让人始料不及。幽默效果因此酿成，如国酒茅台，饮后唇齿留香，回味无穷。这类因果颠倒的幽默笑话比比皆是。

　　老师问："婷婷，你知道蜘蛛是怎样织网的吗？"

　　婷婷："用丝线把很多洞连在一起就行了。"

　　婷婷之所以会出现这样的回答，是因为她是在先肯定蛛网的前提下得出的，即她将结果提前了。既然网洞都已存在，蛛网也一定存在，还要用蛛丝来连吗？

　　怀特："啊！你有一个多么漂亮的书架呀，可惜上面一本书也没有。"

　　布朗："是呀，以前我倒是有很多的书。可是，为了买这个书架，我把书全卖了。"

　　买书架本是为了摆书，可布朗为了买书架竟把书全都卖掉了，那买回书架又有何用呢？只是一个装点门面的空书架而已。这种颠倒因果，违反

常规逻辑的行为，的确令人捧腹。

有一个足球队几次在关键性的决赛中输给同一个劲敌。有人问教练："你的球队到什么时候才能转败为胜？"教练回答说："我想，当发奖时，奏起我们的国歌时，他们一定被打败了。""自己的足球队在决赛中取胜"是"发奖时奏起我们的国歌"的原因，而"发奖时奏起我们的国歌"是"自己的足球队在决赛中取胜"的结果。教练故意将其因果关系颠倒过来，不仅排除了沮丧，而且以不确定性来模糊问题的确定性，构成了幽默。

有一位名叫数井竹庵的医生。这个医生总是不走运，来找他看病的人他总是治不好。

他老婆问他道："我说，你给人看病怎么总是无效呢？这么说，你的医术是很差劲啦！"

"不不，我的医术是高明的。可是病人都差劲，所以治不好。"

"照你说，病人怎么个差劲法呢？"

"我是按照医书上写的施行治疗，可是病人们却不按医书上写的那样生病。"

那个本本医生显然是不懂得"病人生病"与"医书上的治疗方法"二者间的因果关系。是因为"病人生病了，所以才需要"治疗"，而本医生却颠倒了二者的因果关系，"因"变成"果"，"果"变成"因"，显得无理荒谬，故构成了笑话。

因果倒置，不只为生活平添笑意，增添生活的情趣，有的时候，还可用来为自己的错误进行幽默狡辩。有这样一则例子：

在法庭上，被告突然认罪。

"您为什么不早点认罪？白白耗费了我们许多时间。"

被告说："在原告提出足够证据之前，我一直认为我是清白无辜的。"

有"犯罪行为"是产生其"足够证据"的原因，而"足够证据"是"犯罪行为"的结果。被告颠倒二者之间的因果关系，为以前的不坦白、不招

供狡辩。

颠倒因果法，在实践操作中并无太多难处，关键是打破因果的正常顺序，使之荒谬，出人意外。

> 自相矛盾，执迷不悟。自相矛盾的幽默之处在于以痴为美，从一点着迷到执迷不悟。只有达到执迷不悟的程度，才能把矛盾的两极统一起来，成为和谐的感觉。

"世上还有这样吝啬的人"

什么是自相矛盾？如：有人说这个人什么都好，就是脾气不好。既然说什么都好，为什么又说脾气不好？这就是以自相矛盾为特点的。

从前有两个邻居，都很吝啬。有一天，其中的一个叫自己的儿子去向邻居借锤子。儿子到邻居家说明来意，邻居问他："你敲什么钉子——铁钉还是木钉？"

"敲铁钉。"

"啊！敲铁钉！"邻居用手摸着脑袋，装出一副为难的样子，"哎呀，告诉你爸爸，我们家的锤子被孩子的舅舅借走了，还没还回来，实在对不起。"

儿子回到家里一五一十地学说，他爸爸听了很气愤，骂道：

"真想不到，世上还有这样吝啬的人，用用他的锤子都舍不得！"他皱着眉头想了想说："咳，没法子！现在只得把咱们家的锤子拿出来用了！"

借锤子之人自家有锤子却搁着不用，去借人家的，说人家吝啬，自己

却行吝啬之事，言与行自相矛盾，形成强烈的反差。但他后面那句自我暴露的话是情不自禁的，是从潜意识里冒出来的，有几分真诚。

幽默中的自相矛盾不同于欺骗。有一个所谓的"幽默故事"说：有一个医生得病，自知快死了，躺在床上大叫："哪一个医生能把我救活，我送家传的长生不老丹给他，让他吃了长命百岁。"这就不是天真的幽默，而是欺骗，不但不可爱，而且可恶。幽默是天真的，不由自主地从心底里、从潜意识里流露出来的，是不可控制地冒出来的。

自相矛盾的幽默之处在于以痴为美，从一点着迷到执迷不悟。只有达到执迷不悟的程度，才能把矛盾的两极统一起来，成为和谐的感觉。

清朝的《笑林广记》中有一个《瞎子吃鱼》的故事。

一伙瞎子从来没吃过鱼，一次商定一起去吃鱼。鱼少人多，只好用大锅熬汤，鱼都蹦到锅外去了，瞎子也不知道。他们围着锅喝着清水汤，一起称赞"好鲜的汤"。有一条鱼蹦到了一个瞎子的脚上，他们才知道鱼不在锅里，这伙瞎子感叹起来："阿弥陀佛，亏得鱼不在锅里头，如果真在锅里，我们都要鲜死了。"

着迷于主观的感觉，完全不顾客观的情况。瞎子明明喝着清水，可仍然迷到觉得挺鲜，这是一种特殊的心情冲击下的错觉。待发现鱼不在锅里，本可以揭露矛盾了，可他们的着迷点并没有解除，反而执迷不悟，得出了更加执着的结论，这本来就很荒谬。这种痴迷不悟的痴劲与日常理性的反差就更大了，所以也就更加好笑。自相矛盾是一种天真的错误，就其功能来分，可以分为讽喻他人性的和自我暴露性的两类。

自我暴露性的幽默很简洁，不一定要有人物关系的悬念和对转，有时以独自的形式出现。如："我发现了永葆青春的秘诀——谎报年龄。"有时则以格言的形式出现："我愁得假发都白了。""城市——几百万人待在一起而感到寂寞的地方。""高尔夫球——耽误了一次美妙散步的玩意儿。"不过喜剧性效果往往以有人物关系对转的为强。

讽喻他人性的带有一定的攻击性，其特点是把矛盾以不相容性、以夸张的形式表现出来，以显示其荒谬性，用来批评某种对象。

局长："我要直言不讳地批评你，你不会介意吧？"

秘书："能得到领导的指正，对我的进步，是更大的鞭策。"

局长："我到任以后，有很多人向我反映，你过去在领导面前，专门爱讲好听的话，那可不行。老实说，我最讨厌这种庸俗作风。"

秘书："您的意见很中肯，那是由于那些领导喜欢恭维，喜欢听好话，我不得已才投其所好。哪像您这样不喜爱被吹捧，不喜爱被拍的好领导。"

局长："是吗？"

秘书："当然，我参加工作都20多年了，当秘书也不是一年两年，像您这样作风正派、工作能力强、领导艺术高明的领导，还从来没有遇到过。"

局长："照你看来，我在各方面比其他领导都强？"

秘书："那还用说！"

局长："好！好！今天就谈这些。"

作者用这种自相矛盾法讽喻了当今社会上一些干部的不良作风。

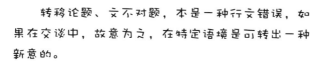

"凡是喜欢我的小姐，我都喜欢"

有人在反对"人类是由猿猴进化而来的"的论题时说："有哪一个人不是父母所生，而是猴子变成的？又有哪一只猴子变成了人？"提出这些问题只能证明"现在的个人不是由猴子变成的"，如果企图以此证明"人类不是由猿猴进化而来的"，就犯了"转移论题"的逻辑错误。"转移论题"也是违反同一律的逻辑错误之一，但它不同于偷换概念，它是由论题的不确定，不统一产生的。幽默中利用"转移论题"法，即指故意避开对方的论题，偷换、转移到另一论题上，使之文不对题，故而产生幽默。

"你看，我的茶杯里漂着一只死苍蝇。"一位顾客对给自己送茶的服务员说。

服务员回答说："茶是用开水泡的，它当然要被烫死了。"

顾客说"我的茶杯里漂着一只死苍蝇"所要传递出来的信息是，"你看看，你们这里的服务质量有多差劲，死苍蝇都漂在茶杯里了"。表达的是对低劣的服务质量的不满情绪，而服务员所答的是："苍蝇为什么死了"，很显然。服务员偷换、转移了顾客的论题，文不对题，给人一种意外的幽默。

一位焦急的夫人给医生打电话，医生的夫人接了电话。

"我找鲁塞尔医生，我有要紧事。"

"对不起，医生出去了，您留个话好吗？"

"天哪，我十岁的儿子吞了自来水钢笔，医生什么时候回来？"

"大概三小时以后。"

"三小时！这期间我该怎么办呀？！"

"恐怕，您只得用铅笔了。"医生夫人慢条斯理地答道。

夫人的问题是"在三个小时这么长时间，我该怎样去救吞了自来水钢笔的儿子呢"，而医生夫人回答的问题是"我该用什么样的笔写呢"，这显然与夫人的论题相去甚远。与整个事情那种紧张、急迫的气氛格格不入，突然给人一种心理的轻松感，但只能作为幽默，给人情绪放松，缓和紧张的气氛，只能说说而已。如果医生夫人对此袖手旁观，不采取任何实际性的可帮助解决问题的措施，就真有点可恶了，那么幽默也就不称其为幽默。偷换论题可以解除困窘，增添生活情趣。

有位驻法国使馆的外交官，在舞会上与一位巴黎小姐跳舞。巴黎小姐突然发问："请问先生，您是喜欢你们中国小姐，还是喜欢我们法国小姐？"

这句话突如其来，问得刁钻，如果说喜欢中国小姐显得不够友好，不够礼貌；如果说喜欢法国小姐，显然又少了点民族尊严。左不是右不是，进不是，退不是，怎么办？这位外交官聪明地一笑，彬彬有礼地回答："凡是喜欢我的小姐，我都喜欢她。"

外交官巧用"转移论题"，悄悄地避开了法国小姐那个令人尴尬的问题，机智得体地用"小姐是不是喜欢我"的问题代替"喜欢哪国小姐"这个难于回答的问题。幽默风趣的答话既与舞会气氛相协调，又赢得了法国小姐的尊重与佩服。

　　一位年轻的美国记者，要里根谈一下对联邦政府预算赤字问题的看法，里根总统回答说："我并不担心，因为你已经长大了，能够自己照顾自己了。"说完两个人会心地笑了。记者所问的是一个严肃的宏观经济问题，里根却故意回避正题，暗换成轻松的微观个体经济问题，从而增添了谈话时的诙谐情趣。

　　小刘在食品店买了一瓶汽水，打开瓶盖，一点气泡也没有，他不禁生气起来，质问营业员："汽水怎么没一点气？"营业员翻了一下眼珠，说："谁说没气？一打开瓶盖，你的气不就上来了吗？"营业员很显然转移了小刘的"论题"，"将汽水怎么没气"转移到"你怎么没气"的论题上来。对社会上一些假冒伪劣产品和一些服务态度不好的营业员进行了嘲讽。

　　要注意的是，偷换、转移论题不同于别解、曲解、直解，别解、曲解、直解是对词语语义的一种解释，而转移论题则是交际过程中对问题的转换，不在于对论题的解释。

> 幽默中运用"同形异义"或"异形同义"就是用"形相似而义相异，形相异而义相同"来制造一种表面假象，迷惑对方，给人一种诙谐的幽默感。

"你要还是不要"

　　用同一个词或语句来表达不同的含义，就是语言现象中通常所说的同形异义。如"白头翁"这个词，有时表示一种鸟，有时表示一种植物，有

时又表示白头发的老翁；"一个著名歌星的演唱会"可以理解为"一个著名歌星的个人演唱会"，也可以理解为"一个由众多著名歌星组成的演唱会"。用不同的词或词句表达同一个意义，就是异形同义。如"大夫"、"医生"，汉语中都是指的医生。幽默中运用"同形异义"或"异形同义"，就是用"形相似而义相异，形相异义相同"来制造一种表面假象，迷惑对方，给人一种诙谐的幽默感。

我们先看"同形异义"的几个幽默的典型事例。

①妈妈："这次考外语，奇奇考了 85 分，你考多少？"

孩子："我比他多一点。"

妈妈："86 分吗？"

孩子："不是。是 8.5 分。"

②一个顾客对画家说："您的这幅风景画稍微贵了点，不过，我准备把它买下来。"

"您做了件了不起的事情！"画家说，"您要买的东西并不贵，你知道，我为它花了整整十年时间。"

"什么？不可能！"

"真是十年，我花了两天时间把它画完，其余时间就等着把它卖掉。"

③有人去一家餐馆吃饭，见墙上贴着一张纸，写着"服务热情，任你选择"，便问女招待有什么菜。

"芦笋。"女招待回答说。

"有什么可选择的呢？"

"你要还是不要。"

例①中，妈妈与孩子的不同结论是由"多一点"这个多义词引起的。"多一点"通常的普遍用法是"多一些"之义，在特殊的语境中理解为"多一个小数点"这则故事的幽默就是由"多一点"引发的。例②中，"我为它花了整整十年时间"，可以有两种理解：一是"画这张画画了十年"，二是，

"以画这张画到卖掉它共用了十年时间"，故构成了顾客与画家的不同理解，幽默就在最后的"真相大白"。只花两天就做完的画，难怪花了十年时间还没卖掉。例③中，由"选择"的多义词造成了顾客与女招待之间的不同理解，顾客的意思是"你这里除芦笋之外还有其他可供选择的菜吗"，而女招待却将"选择"看成一般意义上的"要还是不要"，令人啼笑皆非，幽默也就自然而然地凸显出来了。

从以上几则例子中，我们可以看出"同形异义"的产生是由词的多义现象或句子的歧义引发的。实际中，如果我们能巧用多义词、歧义词，定能收到很好的幽默效果。

"异形同义"是由汉语文字的同义性引发的，即不同形式的词或语句可以表达同一个意思。下面我们通过几则事例看看"异形同义"法在幽默中是如何运用的。

①拿破仑的个子是很小的。他初为统帅时，一个身材高出他一头的下属常违抗他的命令。拿破仑便发出警告："将军，请你注意，如果今后你再违抗我的命令，我马上取消我们之间的差别。"言下之意是要杀头的。

②某某："她拒绝了。其实，这算不上是求婚，我只是问她，愿不愿意把我的薪水袋与她的合在一起。"

③一对青年夫妻互相指责对方的缺点，夸耀自己能干，争论得无休无止。妻子的女高音越叫越高。丈夫吵得不耐烦了，说："好，好，我承认，有一点你比我强。"

妻子得胜地笑了笑，说："哪一点？"

丈夫说："你的爱人比我的爱人强！"

例①中，拿破仑巧用了"下属高他一头"这一条件，使得他说的"取消我们之间的差别"与"我要杀你的头"同义，用委婉含蓄的话间接地表达了自己对下属的极端不满，钝化了锋芒，却仍具杀伤力。这就是幽默的力量。例②中，某某的精神胜利法，与自我安慰也堪称一绝。"愿不愿意

把我的薪水袋与她的合在一起"不就等同于"向她求婚"嘛，某某竟以此为借口，自欺欺人，明明是"求婚被拒绝"，却否认自己"曾向她求婚的行为"，这不是很可笑的自我逃避，自我解脱嘛！例③中，"你的爱人比我的爱人强"与"我（丈夫）比你（妻子）强"表达的是一个意思。由于丈夫运用"你的爱人比我的爱人强"来表达更含蓄，更隐蔽，这是由代词给人造成的表面错觉，因而更幽默。

运用"异形同义"法表达幽默，要善于借用特殊语境，如果没有"下属比拿破仑高出一头"这一条件，"取消差别"是无论如何也不可能与"杀头"挂起钩来的；如果不是"妻子与丈夫"之间的对话，"你的爱人比我的爱人强"也不会等同于"我比你强"。这就需要我们独具慧眼，抓住一点联系，用不同的表达方式表示同一个意义。

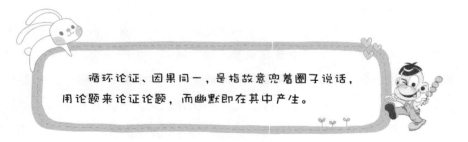

循环论证、因果同一，是指故意兜着圈子说话，用论题来论证论题，而幽默即在其中产生。

"卖国贼是说谎的"

何谓"循环论证、因果同一"呢？简单地说就是"P，因为P"，意指故意兜着圈子说话，用论题来证明论题，使人陷入一个无休止的循环怪圈，最后得出因即是果，果即是因的结论。幽默的产生在于循环论证错误本身是来源于荒谬的、毫无意义的循环过程。

循环论证的错误可以分为以下三种具体的表现形式。

第一种是同语反复。

所谓同语反复，指的是论据和论题完全是一回事。有时，虽然两者在语言形式有所不同，但所表达的内容却是一样的。如：

一对恋人结婚了。他们结婚以后认为要办的第一件事就是去买过冬用的煤。于是便向朋友打听买煤的事。

朋友对他俩说："你们是买不到煤的。"

他俩问："为什么？"

朋友回答说："就是因为你们没法买到……"

以上事例中，那位朋友的前后两句话实际上构成了这样一个论证过程：你们是买不到煤的，因为你们没法买到。在这个证明中，论题与论据完全是一回事，这实际上是等于用论题来证明论题，而论题到底为什么成立，最终还是没有提出任何理由。不过，这个什么问题也没解决的循环论证过程，却给人以无限的趣味。

第二种是直接循环。

所谓直接循环，指的是论据的真实性不经过任何中间环节，而直接依靠论题来证明。如：

甲问："你的头发怎么都掉了？"

乙答："担忧啊。"

甲问："担忧什么呢？"

乙答："掉头发呀。"

之所以掉头发，是因为担忧，而之所以担忧，又是因为掉头发。论题依赖于论据，而论据又直接依赖于论题，因果同一。

还有一则路人与乞丐的对话更是幽默而风趣：

路人："你为什么求乞？"

乞丐："因为我需要钱买酒喝。"

路人："那你为什么喝酒？"

乞丐："好有勇气求乞。"

本来到第一层为止，乞丐是回答了路人的问题的，"要钱买酒喝"是"求乞"的原因；而到第二层"喝酒"的目的是为了"有勇气求乞"，两者结合起来就陷入了一个绝妙的循环怪圈。幽默也就产生了。

第三种是间接循环。

所谓间接循环，指的是论据的真实性经过一些中间判断后，最终又需要依赖于论题来证明。

鲁迅在《论辩的魂灵》中有这样一段话："卖国贼是说诳的，所以，你是卖国贼。我骂卖国贼，所以我是爱国者。爱国者的话是最有价值的，所以我的话是不错的，我的话既然不错，你就是卖国贼无疑了！"

上例中最后两句话是说："因为我的话不错，所以你是卖国贼。"这里"你是卖国贼"是论题，"我的话不错"是论据，而这个论据又是由"你是卖国贼"经过一些中间环节推出来的。因此，它实际上又是间接地由论题来证明的，这样一层一层剥开来，圈子便逐层缩小，解圈的过程，本身就趣味盎然。循环论证的荒谬性在于用论题来证明论据的真实性。这是产生幽默的真正根源。

谬上加谬就是把荒谬推向极端，或者把多种荒谬集中在一个焦点上，成为复合的荒谬，从而产生幽默。

"如果没有那么大的牛"

中国古代有个笑话，说是一个人非常吝啬，从来不请客，有一邻人问其仆人他什么时候请客，仆人说："要我家主人请客，你得等来世。"主人在里面听到了，骂出声来："谁要你许下日子。"

本来说"来世请客"，已经是很清楚、很彻底地否定了请客的可能性，因为来世不存在，请客是不可能的。但这里的主人还不满足，因为从形式上来说，"来世请客"终究还是肯定的，还没有达到从内容到形式绝对否定的程度。在他看来哪怕实际上是否定请客的可能性，只要在字面上有肯定的意思也都是不可容忍的。正是这种绝对的荒谬产生了幽默感。

甲某想在家里安静地做点事，就吩咐仆人："如果有来访者，就说我不在家。"这时一个朋友乙某来访，隔窗看见甲某正在家中，却听仆人说主人不在家，乙某立即离开了。第二天，甲某去拜访乙某，乙某出来对甲某说："我不在家，我不在家。"甲某大惑不解，不知道这位朋友何以自己说自己不在家。这时，只听乙某说："我昨天去拜访你，你仆人说你不在家，我都相信了；今天，我本人说我不在家，你难道还怀疑吗？"甲某一听，笑着连忙致歉。乙某最后解释的话真是叫绝，它包含多个层次的荒谬。

明明在，却说自己不在，这是第一个层次；你昨天明明在，却让仆人说不在，这成了我今天说不在的前提，这是第二个层次；我明明知道你仆人说谎而相信了你和仆人，你现在即使知道我说谎，也应该相信我的谎不是谎。他以歪理为前提，推出"我本人说我不在家，你难道能怀疑"的结论，十分含蓄委婉地批评朋友甲某，真所谓"投桃报李"、"礼尚往来"。

从以上两例中，我们知道，所谓"谬上加谬"就是把荒谬推向极端，或者把多种荒谬集中在一个焦点上，成为复合的荒谬。复合性荒谬的构成要注意两点：一是得把几层荒谬的意思压缩在同一句话中，不能分别讲出；二是这句话不能凭空冒出来，是对乙某的行为或语言为前提进行怪异推理的结果。

一个人去酒店沽酒而嫌酒酸，店主很恼火，就把他吊在梁上。有人路过询问原因，主人如实以告。过路人说："借我一杯尝一下。"尝毕，皱起眉头对店主说："放下这个人，吊了我罢。"

这里荒谬的歪理之所以歪得顺理成章，就是因为他并不反对店主人本来就是荒谬的前提，店主人认为酒甜，客人说酸就该吊。现在他尝了，明明不甜，照理说，可以争辩，却情愿挨吊，说明酒酸到了极点。谬上加谬的特点是，不但前提是歪的，而且推理的方法也是歪的，歪理歪推才有强烈的幽默感。

最后，我们再来欣赏一则"吹牛大王"的例子。

有个"吹牛大王"，一天又在公众面前海吹起来。"我在河南某地见识了一面大鼓，正月初一敲一槌，一直响到八月十五，大伙猜猜，这面鼓有多大？"一个叫胡能扇的人说："不大，不大！我在河北见过一个大瓦盆，光是黄河的水，流进去了七七四十九天，方才半盆。据记载，曹操的80万大军在盆里洗澡，相互间谁都不碰谁，你们看这盆有多大？"一个白胡子老汉说："你俩说的都不大。我见过一头牛，牛嘴在长江喝水，尾巴还在内蒙古乘凉，它一口啃光了300亩青草，一个农民拿竹竿去赶，把天戳了个大窟窿，玉皇大帝派下天兵天将来捉拿他呢……"吹牛大王和胡能

扇不服气地说："我们不相信，人世上竟然会有那么大的牛和那么长的竹竿！白胡子老汉笑着说："如果没有那么大的牛，哪有那么大的皮去蒙你所说的大鼓，没有那么长的竹竿哪能做成长长的篾子做成大箍，来箍那么大的盆呢！"

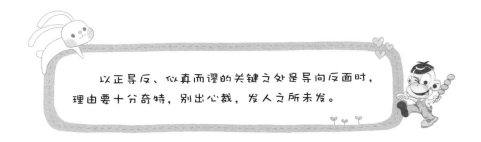

以正导反、似真而谬的关键之处是导向反面时，理由要十分奇特，别出心裁，发人之所未发。

"女人不能保守秘密"

....

　　一位画家到一个风景优美的地方去度假写生。他和一些农夫住在一起，假期结束时，画家想送给农夫一些钱，但农夫说："不，我不要钱，你给我一张你画的画吧。钱有什么用？一个星期之内就花完了，但你的画将会永世长存。"这对于画家来说自然是好事，是一个积极的有利于己的要求，是很难不接受的。画家非常高兴，并感谢农夫称赞他的画。农夫笑着答道："我并非为了别的，我有个儿子在伦敦，他想成为一名画家。他下个月回来时，我要把你的画拿给他看。我想这样一来，他就不会再想成为画家了。"

　　上例中，农夫的要求是正面的，弄得画家沾沾自喜，并"感谢农夫称赞他的画"。但接下来农夫的解释却出人意料，"他要画"不是为别的，只是想用这幅画来打破儿子想成为画家的梦想。提出正面的要求，是为了引导出反面的动机，不在于先提出的前提如何，而在于后来作出的解释如

何，幽默的奥秘在于出人意外似真而谬的解释中，这就叫作以正导反法。由于运用这种方法正面的结果在前，反面的动机在后，很容易造成对方预期的失落和发现的惊异。

在一个剧场里，演出正在进行。这时，一位观众站起身来，沿着他那排座位走了出来，然后去了休息室。几分钟后，他又回来想找到自己坐的那排座位。凭着印象，他走到刚才走出来的那排座位前，问这排座位上的第一位观众："请问，我刚才踩的是您的脚吗？"

"对，不过没关系，一点也不疼了。"

"不，我不是这个意思，我只是想证明一下我是不是坐这一排。"

被踩者出于礼貌的答话，在因离开位置而踩了人家脚的观众的反面解释面前，似乎显得自作多情，一正一反形成鲜明而强烈的对比，这就是以正导反的妙处。

一个男人说："女人不能保守秘密。"另一个男人反驳："你这种看法是错误的。事实上女人很能保守秘密，只是在某种情况之下，一个女人保守秘密很困难，她不得不和别的女人联合起来保守这个秘密。"前提是肯定女人能保守秘密，而解释的原因在字面上是肯定的，在内容上却是否定的，集体保守秘密就不是秘密了。

运用此法关键之处是导向反面时，理由要十分奇特，别出心裁，发人之所未发。可以突然从肯定转向反面，也可以全用反语，把否定的内容放在肯定的形式之中。以正导反不同于谬极归真，后者是将荒谬的前提作了似乎一本正经的解释；而前者却是将似乎一本正经的前提作了荒谬的解释。以正导反不能过分从实，它贵在远起远落，只给想象点悟，不作从实的教训。如果我们能放开想象的翅膀，就能进入以正导反的幽默境界。

> 一般人都习惯于委婉含蓄，或绕着弯子说，或干脆不说，"沉默是金"。正因为人们习惯了，故而形成一种固定的心理期待模式，一旦有人"直言不讳"，直说隐衷反而造成期待的失落。

"很多东西，都是分期付款的"

安徒生的童话《皇帝的新装》，大家都很熟悉吧！还记得小孩最后说的一句话吗？"皇帝什么衣服也没穿。"小孩一语破的，将荒谬绝伦的骗人把戏公之于众，使爱慕虚荣的皇帝，阿谀奉承、明哲保身、愚昧的大臣，官员们，以及"聪明"的骗子等世相丑态百出。真乃妙绝，这就是直言不讳，即实话实说，不拐弯抹角，直捣事情真相。

一般人都习惯于用委婉含蓄、有话曲说的方式来表达自己的观点与看法，即使是一些明显错误的，也不直接指出来，或绕着弯子说，或干脆不说，"沉默是金"。正因为人们习惯了，故而形成一种固定的心理期待模式，一旦有人"直言不讳"，直说隐衷反而造成期待的失落。这就是大人与小孩子对话，大人经常要笑出声音的缘故。因小孩并不了解什么话不用讲，什么话不能出口。从心理上说人通常在社会交往中都有一种目的，因而把自己的真正心理严密地保护起来。所以人们口中说的与心里想的往往不大一样。心口之间的错位，给人以回味的余地，造成一种言外之意的趣味。"直言不讳，创造奇趣"的关键就在于此。

从前，有个老财主，听说外边来了一位相面的先生，便唤家丁："去把相面的先生叫来，叫他给我相上一面。"家丁唤来了相面先生，管了饭，把二百两银子端在先生面前，财主说："请先生给我好好相上一面。相对了，就给你二百两银子。"先生端详了一下老财主。见老财主头小耳尖，活像一只兔子。先生说道："你头小耳尖眼红，像只兔子！"老财主一听简直气炸了肺，唤来家丁道："把这个骗子捆起来，吊在树上重打四十棍。"家丁们把相面先生吊在树上，打了个皮开肉绽。财主笑道："你还是走江湖的，怎么狗屁不懂！你若好好给我相上一面，那二百两银子不就到手了？""唉，都怨我没看准，来的时候眼没擦净。"相面先生道："能容我再给主家相上一面好吗？""行！"家丁把先生放下来。先生又重新回到堂屋里。财主气愤地说："你再好好看看。"先生左看、右看，仔细端详了一番道："老财主，打死我，你也像兔子！"相面先生不为金钱所动，不顾直说给自己带来的不利或损害。始终心口如一，这种直言不讳到缺乏自我保护意识的程度，就显得奇特而带有一种幽默的效果。

皇甫先生是地方上一位有权有势的人物，这年他过 60 大寿，有人送他一幅画，并题了一首诗："皇老先生，老健精神，乌纱白鬓，龟鹤同龄。"寿星看了这幅画非常开心，便把它悬挂在客厅里。可是，客人看了之后，大笑说："这是骂你的，那是藏头诗，横念起来，正是皇老乌龟啊。"客人直言不讳，毫无遮挡地点出了题画诗的真意，与寿星的愉悦心境形成巨大反差，幽默也就产生了。但这仅限于幽默作品中，供欣赏而已，如果运用于人际交往中，则很可能使人家尴尬，下不了台。当然，如果将"直言不讳"隐于藏头诗中，则另当别论。下面我们来看一则反其道而用之的例子。

许弘纲少时，曾在厉财主家放牛，一次，许弘纲牵着牛路过村里的蒙馆，听到朗朗的读书声，就走近去听。这时厉财主走过来，狠狠打了他两个耳光，还骂他长大了"只配做轿夫"。许弘纲咽不下这口气，偷偷发奋读书，后来中举当了尚书。厉财主竟厚着脸皮上门，求许尚书为他家题块匾。许

弘纲就题了一块：

只因积德好，配得金银宝。轿马不离门，夫妻同到老。

厉财主将匾高高地挂在门头上，人们看了，无不掩嘴而笑。原来，许弘纲所题的四句诗中，藏着"只配轿夫"四个字。许弘纲直来直去，以其人之道，还治其人之身，表达了自己心中的积怒。

运用"直言不讳"法，有时亦能扭转不利局面。

一对恋人要分手了。

女："再见吧，你很快就会忘了我的！"

男："不，我不会很快忘记你的——我给你买的很多东西，都是分期付款的！"

以前女的不知道男朋友是借钱给她买东西，这一说反而知道，男朋友爱她的真心，深为自己过去的虚荣心感到惭愧。两人重归于好。

有位父亲巧妙地利用直话直说法，批评了爷爷奶奶在教育孙子方面的某些错误观点。

奶奶："我已经对你说过，孩子要什么，你就给他什么吧。"

儿子的爸爸："是的，妈妈，刚才他要我给他在院中挖一个洞，我就给他在院中挖一个。

"那他为什么还哭呢？"

"唉，麻烦得很！现在他要我把那个洞搬进屋子里来。"

这里奶奶的所谓"什么都给"的观点到碰到"搬洞"时就不可能成立了，由于反差大，就有了幽默。这位父亲巧用"直话直说"，批评了奶奶对孙子的溺爱，小孩子的某些荒谬无理的要求是根本不可能满足的。可见，只要条件成熟，时机许可，"直言不讳"同样能创造出幽默奇趣。

反唇相讥、锋芒毕露可以淋漓尽致地发泄心中的压抑，释放心中的不满，使用起来当然愉快。

"我们村里的一只龟是公龟"

生活中，我们难免会遇到卑劣的人和事，难免会受到攻击，当外来的横逆忍无可忍之时，如果我们还过分轻松地调笑，不但显得软弱无能，更缺乏正义感，而且会导致对方更嚣张地进攻。此时，再不以牙还牙，以眼还眼，就会丧失人格。

在上海，电车总是很挤，一个瘦乘客和一个胖乘客吵起来。瘦子悻悻地说："有些人搭车，应该按重量买票才行！"胖子听了，说："谢天谢地，假如你的话应验了，那你永远没有福气乘电车了。""为什么呢？""你想一想，像你这样一个瘦家伙，能收你多少钱，会让你乘车吗？"胖子按瘦子的道理推出，瘦子因重量问题同样不应乘车。胖子反应之快，而且顺理成立。人们在欣赏他受讥笑还有超脱精神之时，对他的锋芒毕露，也就不加计较了。

一天，一个大腹便便的富翁，在街头碰到萧伯纳，取笑说："一见到你，我就知道世界上正闹饥荒。"萧伯纳是出名的瘦子，听了富翁的话后，反唇相讥说："一看到你这个样子，我就找到了世界正在闹饥荒的原因。"萧伯纳抓住富翁话中的"闹饥荒"，就势而攻，不仅锋芒不减，而且大有变本加厉之势，原因都找到了！世界上之所以闹饥荒不正是因为你这么一

个大腹便便的吸血鬼吗!

从前,有个小村庄的几个老头在庙前晒太阳。这时,从东边来了一位衣着讲究的客商,来到庙门前不走了。他打量了一下面前碑下的石龟道:"你们这里的这只龟,据我看来,像是母龟,我们村里的一只龟是公龟。"说完,扬扬得意。晒太阳的老头儿应道:"先生说的正是。这只龟曾经几次到你们村里去换龟种,恐怕你们村里的龟种不止一个吧?"众人捧腹大笑。客商听罢,面红耳赤,灰溜溜地跑了。针锋相对,以矛对盾,老头给了挑衅者以应有的回报,难怪众人捧腹笑个不停。

有一天,刻薄鬼老爷叫仆人去打酒,只给仆人一个酒壶,却不给钱。仆人感到莫名其妙,便问:"老爷,没有钱怎么能买到酒呢?"刻薄鬼老爷生气地说:"花钱买酒谁不会?不花钱买到酒,才算本事!"仆人听了,一声不吭地拿着酒壶走了。一会儿,仆人拿着酒壶回来了。刻薄鬼老板以为占了便宜,高高兴兴地端起酒壶倒酒,倒了半天没倒出一滴酒。原来还是空壶。他大怒说:"岂有此理!酒壶没有酒,叫我喝什么?"仆人回答说:"老爷,酒壶有酒谁不会喝?要是能够从空酒壶里喝出酒来,才算真有本事呢!"机灵的仆人以"从空酒壶里喝出酒来,才算有本事"回敬刻薄鬼的"不花钱买到酒,才算本事!"可以说是绝配。刻薄鬼老爷遇到了一位精灵的仆人,棋逢对手。一矛一盾,各不相让,在酒壶上见了高低,读来好笑。

反唇相讥幽默术一般是对方的攻击有多少分量,就还击同等的分量,软对软,硬对硬,不随意加码。否则会影响幽默情趣。对方攻击是侮辱性的,则还击的也是侮辱性的。如果对方攻击是调笑性的,还击的幽默语言也同样是调笑性的。

巧设圈套，诱人就范，让自己的言行，有多种可能的含义，然后，诱导对方的注意力在某一种含义上固定下来。即为对方所设的陷阱，使对方突然产生期待的失落，从而产生强烈的戏剧效果。

"第一条消息是假的"

不知大家是否玩过捕鸟的游戏，"诱人就范"幽默术就与此相类似，只不过，"捕鸟"用的是诱饵，而这里用的是"语言"而已。所谓"诱人就范"就是让自己的言行，有多种可能的含义，然后，诱导对方的注意力在某一种含义上固定下来。即为对方所设的陷阱，使对方突然产生期待的失落，从而产生强烈的戏剧效果。它是人们在交往中常用的比较容易掌握的幽默方法之一。

"诱人就范"的秘诀是利用词语的多义性，设置语言圈套；它的特点是出奇制胜地将对方引入圈套，让对方不能有丝毫受骗的感觉，使对方按正常的理性思维去推理。

老王被一个年轻人破口大骂，但老王却一声不吭。待那年轻人骂完了，老王问道："年轻人，如果一个人拒绝接受人家送给他的礼物，这礼物应属于谁？"

"属于那送礼物的人。"年轻人答道。

"可爱的小伙子，"老王说，"我拒绝接受你的辱骂，你收回去留着给自己好啦。"

老人利用礼物接受与不接受的不同指向，制造一个圈套，让小伙子上钩，然后把"礼物"还给小伙子，达到还击的目的。

有一次，在一家饭店吃鱼，几个小伙子扯到了有关在鱼肚子里发现珍珠或其他贵重东西的有趣故事。有一个老人静静地听着，最后说道："你们的故事是假的，我讲一个真的吧！20世纪40年代，我在上海做过事。当时，我爱上了一个漂亮女郎，正准备结婚，老板派我到香港办事，两个月后，我买了一枚很贵重的钻石戒指，想作为结婚礼物赠送给她。我到上海刚一下船，就碰上我的一位好友，我们就在黄浦江上的水上乐园喝起酒来，好友告诉我说，我的未婚妻已经同别人结婚了。我勃然大怒，随即把戒指向黄浦江里扔去。几天以后，我又到水上乐园去吃饭，我要一盘鱼，鱼很小，几乎一口一个。我正在吃的时候，觉得有一块硬硬的东西硌了我的牙，你们猜是什么东西？""钻石戒指！"几个小伙子高喊起来。"不，"老人说，"是块鱼骨头。"

这里，老人利用大家的好奇心理，制造错觉，让大伙都掉进他的故事陷阱，产生一种强烈的失落感，把一个本来平淡无奇的故事变成了一个奇妙有趣的幽默。

还有一则是妻子让不愿做家务的丈夫去做家务的幽默故事。

妻子："亲爱的，你能去把昨天晚上换过的衣服洗一下吗？"

丈夫："不，我还没睡醒呢！"

妻子："我只不过是考验你一下，其实衣服都已经洗好了。"

丈夫："我只是和你开玩笑，其实我是很愿意帮你干活的。"

妻子："我也是和你开玩笑，既然你愿意，那就请你快去干吧！"

妻子巧设圈套，诱丈夫一步一步就范，使不愿做家务的他此时也不得不佩服和欣赏妻子的幽默和情趣，高兴地去干活了。"诱人就范"幽默也可以是调笑性的，用来赶走心中的苦恼和外来的不快。

一对恋人在热恋着，女方父母却不同意，于是女方再次做父母的工作，

晚上男朋友等着女朋友的消息。女朋友来了，她说："我有两条消息告诉你，一条好消息，一条坏消息。"

男朋友说："请先告诉我好消息！"

"爸爸和妈妈终于同意了！"

"哦！我的岳父母万岁！——请告诉我那个坏消息吧！"

"第一条消息是假的！"

女朋友利用好消息的真假难料给男朋友设下圈套，从而变成"好消息"的假是"坏消息"。像这位女朋友，此刻还有幽默感说明她确有一种自我超脱的精神，否则她是幽默不起来的。

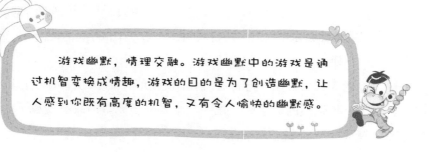

游戏幽默，情理交融。游戏幽默中的游戏是通过机智变换成情趣，游戏的目的是为了创造幽默，让人感到你既有高度的机智，又有令人愉快的幽默感。

"马并不吃鱼呀"

游戏幽默是智慧和情趣相结合的产物，它能产生许多特殊的意外，给人某种心理预期的失落，从而有趣味性，有许多感性色彩。人们在社交活动中能发挥出来，为人欣赏，引起共鸣。

某省在某市召开摄影工作会议。与会的几十名代表中女代表只有三人，于是她们便成为大会瞩目的对象。会议结束时，有人提议请三位女士表演一个即兴节目，全场顿时一片欢乐，响起热烈的掌声。三位女士悄悄商议

了一会儿，不慌不忙地站起来说："要我们表演可以，但大家也要答应我们一个要求。"

"什么要求？"

"这是一个有趣的游戏，很简单，就是我们数一、二、三，大家就把手举起来。答应这个条件我们就表演。"

男代表们一想这有什么关系，便异口同声地说："可以，可以。"

三位女士便一齐数一、二、三！顿时，全场的代表都把手举了起来。

三位女士便说："现在准备好了，记者先生，请您快来拍照。"

摄影记者不解地问："拍什么呀？"

拍一张"看谁的手最干净"。

三位女士的所谓游戏，其智慧并不表现在游戏本身有什么高明之处，而在于那个丝毫不为人察觉的圈套的巧妙。开始大家认为三位女士在表演一个正儿八经的游戏，因此心甘情愿"上当"，使固有的模式化的心理期待落空，幽默感顿时产生，把大家变成幼儿园的小娃娃们。可见，游戏幽默中的游戏是通过机智变换成情趣的。游戏的目的是为创造幽默服务，让人感到你既有高度的机智，又有令人愉快的幽默感。游戏幽默有时也可有攻击性或目的性。

在大西北，一个旅行者骑着马赶路时，天下起了大雨，浑身又湿又冷。后来他终于来到县城的一家小客店。客店里挤满了人，使他无法去接近火炉。这时他喊出客店老板，说："拿点鱼去喂我的马。"老板说："马并不吃鱼呀！"旅行者接着说："不要紧，按我告诉你的去做。"客店中的人群听到这奇怪的命令，都纷纷跑去看马吃鱼。这样，整个房子里只剩下了旅行者一个人，他在火炉旁坐了下来，暖和自己。不一会儿人群回来了，老板说："你的马不吃鱼。"旅行者答道："不要紧，把鱼放在桌子上，等我把衣服烤干了，我自己来吃它。"

旅行者运用的是高超的骗术游戏，虽然使众人受骗，感觉到受了攻击，

但由于他的幽默感，使众人反而感觉到自己蠢而可笑。"马吃鱼"本是十分荒谬的，而大家由于将信将疑，都想瞧个究竟，哪知这是骗术，是圈套。等众人感觉到受骗时，听他这么一说，原来如此，也就趣味顿生。心知受骗，但还是乐意接受。

有一对夫妻两人都懂音乐。一天，他们家中没米了。于是妻子就到丈夫办公室来找他，恰巧他不在，就在他桌上留了张字条，上书："5632"。别人看不懂，等他回来问他。他说"5632"为音乐简谱记号，"'速拿米来'是也！"这是文字游戏，是利用谐音关系，当然别人一时看不懂。丈夫在享受了妻子幽默情感之后，自然会兴高采烈地去完成妻子交给的任务。

> 荒谬推理是一种违背逻辑的推理方法。它抓住个别的、表面的、偶然的一些现象或者荒谬的前提去推理，但因果之间本来没有内在联系的事件，强行撮合在一起，形成幽默，令人发笑。

"原来我长得模糊"

荒谬推理是一种违背逻辑的推理方法。它抓住个别的、表面的、偶然的一些现象或者是荒谬的前提去推理，使因果之间本来没有内在联系的事件，强行撮合在一起，看起来虽然很荒唐，但细细品味还有一定的内在联系。形成幽默，令人发笑。有人自称会看相，对他朋友说："哎呀，我的朋友，你将来会没什么福气，也不会长寿。"朋友一惊，问："你怎么知道？"这人说："你的耳朵特别小，自古以来都认为耳朵大的命长福气好。"朋

友一笑说："你的意思是说，猪的福气大寿命长喽？"

这里的"耳小"是前提，而这个前提有变换性，不仅仅是对人而言的。因此，朋友推理到猪的身上，便显得荒唐可笑，反过来也证明了看相的荒唐性。这位朋友的推理幽默几乎看不到攻击性，只是攻破了对方的所谓高论，是属软性的，是宽容大度的表现。

据传，法国国王享利四世是个好色的君主，性情颇为幽默。有一年，他出巡时路过一个村庄，时适中午，他派人找到一个流浪汉陪他进餐。"汉子，你叫什么名字？"享利四世在桌子对面坐下后发问。"回陛下，我叫'放荡汉'！'"唔，放荡汉，你能告诉我'放荡'与'淫荡'有什么差别吗？""回陛下，'放荡'与'淫荡'的差别是隔着一张桌子！""放荡"与"淫荡"本来是连不到一起的，回答"隔着一张桌子"这是一个荒唐的推理，发人深省又倍觉好笑。

有攻击性的推理幽默，若为了保护自己，也不算过分，幽默在人际关系中的功能就是使双方力量平衡，对方给你多少，你就给他多少，这时紧张的关系才能松弛。

在照相馆，有位顾客拿着才取的照片说："怎么，我变成这个样子了？"摄影师冷漠地说："人长得怎样，照出的相就怎样。"顾客恍然大悟，说："哦，原来我长得模糊。"顾客从摄影师的话推断出自己的"长相"，说明照相的技术太差，照片模糊不清。

再看下面的推理对话：

甲说："只有笨蛋才对事情很确定，聪明人都会犹豫不决。"

乙马上问道："你确信如此？"

"是的，我确信如此。"甲说。

这里的乙是偷换前提，让甲自己推出与自己前面的观点相矛盾的判断，自食其果，自己倒成了"笨蛋"。甲之所以"上当"，是由于乙的反应太快，甲的思维一时没有跟上。这也是形成幽默的一个原因。

爸爸对女儿讲他小时候家境贫寒，受尽了苦难。女儿听完了故事，两眼含泪，十分同情地对爸爸说："哦，爸爸，你是因为没有饭吃才到我们家来的吧？"

女儿的推断很幽默，其趣味在于把爸当成家里收容的外人，她幽默的目的是为了轻松一下对方的负重心理。

有一家砖瓦厂厂长和食品厂厂长见面了。砖瓦厂厂长说："听说你们厂做的饼干比我们厂制的砖头还硬，请你介绍介绍经验好吗？"食品厂厂长说："哎哟，我正想到你们厂取经呢！听说你们厂做的红砖，比我们厂的桃酥还酥！"砖和食品是驴唇不对马嘴的事，本来对不上号儿，却硬扯在一起，"饼干比砖头还硬"、"红砖比桃酥还酥"，明为互相取经、学习，实乃讥讽，推理荒谬而可笑！推理幽默在社交中极有实用价值，它能让你在情况不断变化的条件下，总是能找到有利于自己的理由，哪怕互相反对的理由，也都能为己所用。

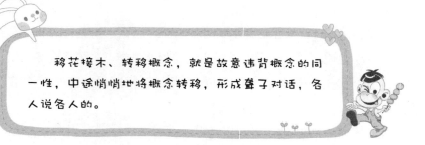

移花接木、转移概念，就是故意违背概念的同一性，中途悄悄地将概念转移，形成聋子对话，各人说各人的。

"火在我肚子里憋着呢"

工人甲："今天食堂伙食改善得真不错，应该给他们写封表扬信。"

工人乙："表扬炊事员还是管理员？"

工人甲："表扬来厂的参观团。"

食堂伙食改善，明显应该表扬炊事员或管理员，属于服务质量关系的范畴，可工人甲却把它转移到来厂参观团的人事关系上去。这是工人甲幽默感的构成，其成功就在于暗暗地无声无息地把"表扬"这个概念的内涵做大幅度的转移。

从上例中，我们可以看出，所谓"转移概念"就是故意违背概念的同一性，中途悄悄地将概念转移，形成聋子对话，各人说各人的。

甲、乙二人在路上碰到有人抬着棺材。乙迷信，问甲："我要求得到吉利的话，应该走在棺材的前面，还是走在棺材的后面？"

甲说："前面、后面一样吉利。"

乙又问道："那么左面和右面，哪一面吉利？"

甲说："只要不走进棺材里去，都吉利。"

这里，甲运用了转移概念法，乙问的是哪一面吉利，甲却说不要走进棺材，答非所问，甲其实是抓住了"不吉利"这个概念的多义性，将其进行了转移，"碰到棺材不吉利，你人还活着；走进棺材不吉利，你已是死了"；所以左右前后都"吉利"，只要不走进棺材。

有一天，大刚对小强说："我俩同岁，可是我长得这么魁梧，一次能把二百斤粮食从我家背到二里地以外；你却长得这么瘦小，风一吹，就能把你吹上半空。"小强说："别看我长得小，力气可比你大多了。你一次背二百斤走二里多的路；我一次却背几万斤，甚至还要多，而且走到哪里都不叫累。"大刚说："你说谎，大力士也背不了那么多，就你这身体，五十斤就把你压扁了。"小强说："真的，我真的能背这么多。"说着，他拿了大叠粮票，你看哪！"

小强这是把重量的内涵转移了，实际重量转移到粮票上的重量。但这里最令人欣赏的是小强的幽默奇趣。他摆脱了瘦小在心理上产生的自卑，而用幽默的智慧战胜了高大的大刚，引起欢愉的共鸣。

煤气公司的门前排着长队，老吴一连跑了几天依然带着一个空罐回家。

妻子："灌上气了吗？"

老吴："灌得满满的。"

妻子打开煤气灶准备做饭，但连点几次也点不着火。

"喂，老头子，你灌的这是什么气呀？"

"霉气。"

"怎么点不着火呢！"

"火在我肚子里憋着呢！"

丈夫把煤气的火转移成心中的火，这是成功的概念转移幽默。丈夫没有把外来的烦恼发泄在妻子身上，而是利用这难得之机会制造一件幽默趣事，让二人共享，表现出一种豁达大度的气概。

转移概念就是把概念的内涵暗暗转移；转移得越是隐蔽，概念的内涵差距就越大，幽默效果就越强烈。在具体的语言环境中，人们完全可以凭借互相的心领神会进行交流，任何发问都并不需要详细说明自己所用的概念的真正所指，故发问者完全可以预期对方在自己真正所指的范围内做出反应。如果我们能以幽默的回答转移概念的真正所指，打破这种预期，就能产生幽默。但是幽默感的完成在于意外之后的猛然发现：概念被暗暗转移了以后道理上居然也讲得通，虽不是很通、真通，而是一种"歪理"，却正是这种"歪理"显示了你的机智、狡黠和奇妙的情趣。

生活中人难免发生错误，当意识到自己错了或对方错了时，聪明的人会以错对错，用幽默来化解，缩短彼此之间的心理距离，让神经放松，共创无拘无束的气氛。

"你打的那个地方不是厂长"

生活中最难处理的是自己不自觉的或对方突如其来的冒犯言行造成的尴尬场面，当意识到自己错了或对方错了时，聪明的人会以错对错，用幽默来化解，缩短彼此之间的心理距离，让神经放松，共创无拘无束的气氛。

一天，几个同学一起去看望高中时的班主任老师。多年不见，老师当然问每个同学的情况。

"见到你们很高兴，"老师最后问一位女同学也像前面问其他同学一样说，"你丈夫好吧？"

"对不起，老师，我还没有出嫁……"

"噢，明白了，你丈夫是个光棍？"

同学们马上被老师的幽默感逗得哈哈大笑起来，先前的尴尬烟消云散。老师心不在焉地说错了一句"蠢话"，知道错后，急中生智，同样说一句"蠢话"——"光棍丈夫"，冲淡了前句造成的尴尬，因为大家都知道他是故意说的，所以就显得聪明而有趣。

当然，发挥幽默感时要仔细考虑环境和对象，如果你对对方还没有足够的把握，他对你的尊敬或信任还没有达到可以冒险开一下玩笑的程度，

或者在当时的环境下，存在着可能引起尴尬的因素（人或事），或者对方是一个完全缺乏幽默感的人，他可能在你幽默语言面前做不出相应的反应，你就可能伤害了他，或者使他更害羞，更不自在，而你自己也可能因为有失礼貌而产生愚蠢之感。

在浴室里，一个小伙子看到他前面的一个背朝着他的人很像是他的朋友。他想开个玩笑，就照着那个人的屁股狠狠地打了一巴掌，被打的人转过身——天啊！原来是他们的厂长。

"请原谅！我确实没有想到是您！"

"没关系，小伙子！"厂长安慰他说，"你打的那个地方不是厂长。"

这句"蠢言"中蕴藏着极大的幽默，厂长将自己身体的某一部位与整体分开，部分不等于整体，所以"你打的那个地方不是厂长"，以故愚故蠢的方式消除了对方的误会所造成的紧张心理，使误会和紧张化为笑声。

再看下面一则夫妻之间的幽默。

妻子被啼哭不止的孩子缠得束手无策，便苦苦思索让孩子快点入睡的办法。

突然她大声吩咐丈夫："快点拿本书来！"

丈夫莫名其妙，问："要书干什么？"

妻子说："我平常看见你说说笑笑挺精神，可一捧起书就呵欠连天，很快就睡着了，可见，书本能催人瞌睡，我想让咱们的孩子也试试。"

妻子的一番"蠢言"，一是想摆脱孩子的啼哭带来的烦恼和无奈，再是批评丈夫平时看书学习不用功，真乃"一箭双雕"，可见"蠢言"并不蠢。

故意蠢言蠢行之所以幽默，是因为交谈时对方都明知其蠢，按常理不应如此说如此行。如果不知其愚蠢，那就是真正的笨蛋、傻瓜，这样也就毫无幽默意味了。

明知荒谬而故说，要有一种清醒的认识作背景，与所说的意义构成反差，来传达一种很复杂的情感，这时才耐人寻味。当然，故意蠢言蠢行的

幽默还需要有高人一筹的智慧作为背景。要有别具一格的心态。在发挥这种幽默时，虽然你是明知而故愚，但是其语调神态却要十分认真严肃，这样才可能把荒谬与严肃的反差充分凸显出来。如果你没有真蠢的样子，就可能导致反效果。在发挥这种幽默时，一定要注意真蠢的语言和神态。

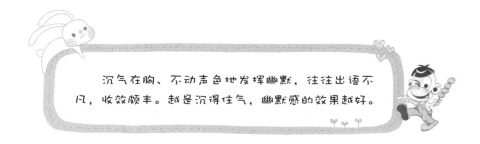

沉气在胸、不动声色地发挥幽默，往往出语不凡，收效颇丰。越是沉得住气，幽默感的效果越好。

"我个个手指都爱"

幽默感常常与可笑是联系在一起的，越是使人可笑，越有幽默的效果。但我们要明白，发出笑声是交际对象的事，是听众的事，不是说出幽默语言的人的事，在发挥幽默时，越是沉得住气，幽默感的效果越好。

王华和陈广去四川旅游。一天，他们在一个小客栈里歇下了。吃晚饭时，王华把刚端上来的调料舀了一匙偷吃了，结果辣得淌下了眼泪。

陈广抬头见好友在掉泪，忙问："哎，老兄，你干吗哭呀？"

王华说："我想起了'文革'中含冤被整死的父亲。"

过了一会儿，陈广也舀了一匙吃了，同样被辣得流出了眼泪，王华故意问道："兄弟，那你哭什么呀？"

"我感到遗憾，你怎么没和你爸爸一起被整死。"

王华本来是被辣出了眼泪，但他不露声色，诱使陈广上了圈套，而上了圈套的陈广也是不动声色地回敬了王华，所以就产生并加强了幽默的功

能。人们在社交场合为何怎么努力也没有理想的效果？往往是因为沉不住气、自以为是。很多人在看出对手的可笑愚蠢时，或者感到自己受到不公平待遇时，不是自作聪明地笑起来，就是随便发火，而这一笑，一火，幽默感就被破坏得无影无踪了。

富兰克林·罗斯福连任第四任总统时，有位记者前来采访他，问他对连任有何感想。罗斯福没有马上回答，而是请记者吃一片三明治。记者觉得很荣幸，就吃下去了；罗斯福请他再吃一片，记者又吃下去了；罗斯福请他吃第三片，记者觉得纳闷，但还是勉强吃下去了。当罗斯福又请他吃第四片时，记者说："谢谢您，总统先生，我实在是吃腻了。""那么，我还需要回答您刚才的问题吗？"总统微笑着说。

罗斯福没有直接回答记者提出的"关于他对连任的感想"问题，而是通过请记者吃三明治等一系列的做法，让记者自己说出对连吃四片三明治的感想，然后巧妙地进行类比，将自己连任四届总统的感想与"记者连吃四片三明治"的感想进行类比，把两件风马牛不相及、不具备可比性的事情硬牵扯到一起，巧妙地逃避了对这个敏感的政治问题的直接回答，显示了一个政治家高超的智慧、幽默与风范。

在有几个孩子的家庭里，孩子们都想得到母爱和父爱，并都想比别人多得到爱，都想有一种高高在上的优越感。由于孩子的心灵是娇弱的，母亲和父亲都很难处理这种复杂的关系。如：

小女儿问妈妈："妈妈，我们几个孩子中你最爱哪一个？"

妈妈想了想，反问："十个手指头你最爱哪一个？"

小女儿指指小拇指。

于是，妈妈拿起剪刀，佯装要把其余的手指剪掉。

"不要剪，不要剪。"小女儿叫道，"我个个手指都爱。"

如果妈妈粗心，随便说最喜欢哪一个，或拒绝回答，甚至骂她一顿，或简单地回答都爱，这都不能达到理想教育孩子的效果。相反，一旦孩子

认为失去了母爱这种保险的感情，会变得消沉、忧虑和孤独。这位妈妈的妙招在于不露声色地平衡了微妙复杂的家庭感情关系，对小女儿的提问，这恐怕是最佳的回答。于是小女儿明白了，母爱是博大的、无私的、不分彼此的。

一个幽默感强的人，也往往对对手有充分的同情心。即使处于矛盾尖锐的情境中，也不愿锋芒毕露，而宁愿高深莫测。不但喜怒不形于色，而且好恶也不溢于言表。

有个个体户，他有几个钱，但他妻子并不懂音乐，却为赶"热潮"硬是买了一架钢琴，有时还摆弄摆弄。个体户沉气在胸。有一天，妻子同他商量："我想在钢琴上放一座音乐大师的塑像，为我们这个家庭添几分音乐情调，你赞成吗？"丈夫漫不经心地应道："好啊！""你看莫扎特、贝多芬和李斯特，他们三个之中谁最合适？""当然是贝多芬了。"妻子兴高采烈地说："是吧，亲爱的，为什么？""因为他耳聋。"

丈夫为了满足妻子的虚荣心，没有直接批评妻子来表示自己的不满，而是用"贝多芬耳聋"听不见作答，暗示妻子不懂音乐，琴弹得太差，购钢琴是一种浪费。一时让妻子怀着神秘的心情去猜测，使幽默带上某种神秘的色彩。妻子被丈夫不动声色的幽默言语说服了。可见，幽默在家庭人际关系中，也是上好的润滑剂。

交际中，难免与人发生矛盾，但如果你能宽容豁达点，机智地运用幽默，即使不改变你的攻击性，也能在幽默中使攻击得到钝化，避免弄僵人际关系。

"再见，祝你身体健康"

我们在社会交际或其他场合中，随时都有可能与他人发生事理、语言、心理上的冲突。如果在社会准则的约束下，按常理处理，定会有得有失，甚至失大于得。但如果你能宽容豁达点，机智地运用幽默，即使不改变你的攻击性，也能在幽默中使攻击得到钝化，避免弄僵人际关系。

公共汽车上有个醉汉，毫无顾忌地大喊大叫，最后纠缠一位不到二十岁的小姑娘。车上的人对此熟视无睹。不一会儿，车要到站了。这时，有位性格爽朗的中年男子，从稍远的位置，一边向醉汉喊着，一边向他走去。"喂，好久不见了。怎么，不记得我了，忘了？"醉鬼回头一看，对这位素不相识的男人的亲切招呼感到惊讶。那位男子说："是我，我，怎么忘了？真是贵人多忘事。"醉鬼疑神疑鬼地说："什么，你是谁？""你现在在哪儿，我在下站下车，你在哪儿下？""终点站。""我们见面不容易，下站一起下，谈谈上次分手后的情况。"

"喂！到站了，走吧，啊，小姐，对不起。"这位男人向姑娘挤挤眼，说着就把醉汉领下了车。乘客们长长地出了一口气。车刚要开，那个男人叫道："啊，糟了！买东西的袋子掉到车上了。啊，对不起！"说着又跳上了车。车门关了，车开了。这位男子向醉汉挥手说："再见，祝你身体

健康！"乘客都望着他，热情地为他鼓掌。

这位中年男子利用醉汉神志不清，以所谓朋友迷惑对方，求得亲近，这样钝化了攻击性，最后达到目的，让醉汉自觉跟自己下车。他的脱身之计更妙，他没有一下车马上严肃起来，直接攻击对方，而是让对方在明白中计的同时，又有一种知错的心理反应。如果他以硬性力量强制醉汉，只是给人一种泄愤的快感，其结果也许很糟，自己下不了台，也许会爆发一场大的冲突。可见，有"大肚能容"的胸襟和宽容原谅攻击对象的心理，是运用钝化攻击幽默法取得成功的前提。否则，不仅钝化不了攻击，而且幽默感也无处发挥。

水管漏得很厉害，院子里已经积满了水。修理工答应马上就来，结果等了大半天才见他的背影，他懒洋洋地问住户："大娘，现在情况怎么样啦？"

大娘说："还好，在等你的时候，孩子们已经学会了游泳。"

大娘将小伙子迟到的时间夸张化，用玩笑的口吻淡化了对修理工的不满的攻击，让修理工在笑的同时心存愧意。如果大娘直接斥责，效果肯定没那么好，说不准，修理工扭头就走。

妻子："今年春天，不知流行什么时装？"

丈夫："和平常一样，只有两种，一种是你不合意的，一种是我买不起的！"

这位丈夫用智慧和宽容，将攻击钝化、淡化、间接化，善意地批评了妻子的爱赶时髦，一般通情达理的妻子都能接受。

总之，钝化攻击幽默法可以帮助你从凶险的冲突、怨恨的心理、粗鲁的表情、一触即发的愤怒中解脱出来。

> 借刀杀人，正气凛然，但幽默里的"刀"不是真刀，而是假刀；不是硬刀，而是"软刀"，是"软刀子割人不觉疼"。

"自打吃了您家的冬瓜，明目多了"

孔夫子说过："上士杀人用笔锋，中士杀人用舌锋，下士杀人用石盘。"可见，口诛笔伐里有幽默。但幽默里的"刀"不是真刀，而是假刀；不是硬刀，而是"软刀"，是"软刀子割人不觉疼"，就像孙子举起玩具手枪，突然对准刚进门的爷爷，大喝一声："不准动，举起手来！"爷爷乖乖地举起了手。孙子又扣动扳机，爷爷又应声瘫倒在地，这就有点滑稽，有点幽默。

借"刀"的方法很多，有借他人之"刀"来"杀"对手的。如：在美国一所学校里，一位女教师在课堂里提问："要么给我自由，要么让我死。"这句话是谁说的，知道的人请举手。教室里鸦雀无声，女老师脸上一片失望。这时，有人用不熟练的英语答道："1755年，巴特利克·亨利说的。""对，同学们，刚才回答的是个日本学生，你们生长在美国都答不出，而来自遥远的日本学生能回答，多么可怜哟！""把日本人干掉！"女教师听到叫声，不由得气得脸通红，大声问道："谁？这话是谁说的？"静了一会儿，教室一角有人答道："1945年，杜鲁门总统说的。"这则有口皆碑的小幽默里的美国学生，就是借杜鲁门的"刀"来"杀"他的日本同学，"杀"

得幽默透了。

有借对手的"刀"，来"杀"对手的。

语文老师收到了一封匿名信，信里只有两个字：蠢猪。

老师没有暴跳如雷，而是心平气和地拿到课堂上让同学们传阅，说："大家看看，这封信没有署名，没有台头，没有内容，合不合书信写作规范？"

老师没有大动肝火，大问兴师之罪，而是寓书信写作教学于不成体统的匿名信的风趣批评之中，借对手射过来的"箭"，反射出去，一箭双雕。

"借'刀'杀人"法，重在所借之"刀"，这是运用此法的关键，只有这把"刀"借得巧，借得适当，才可能天衣无缝，创造好的幽默效果。如：

①警察在现场抓到一个罪犯，罪犯说："我没罪，先生。因为我只不过是被人利用的工具而已，而工具是无罪的。这好比一个人用刀子杀了人，罪过不在刀而在人。""噢，"警察若有所悟地说，"好极了，那就请您跟我走一趟。""为什么，先生我说过了，我只是工具！""对，按照法律，作案工具是要被没收的。"

②某人请了位私塾先生，但待遇很差，每顿只有冬瓜。先生问主人："您是不是特别爱吃冬瓜？"主人答："是的。冬瓜不但味美，而且有明目之功。"有一天，主人来找先生，见先生临窗远眺，没有理他，便叫了他一声。先生故作惊觉，说："我正在看城里演戏。""这里能看得见？""能！自打吃了您家的冬瓜，果然明目多了！

例①中，警察巧借罪犯的"工具无罪说"这把"歪刀"歪理正辩，幽默风趣。例②中，私塾先生却借主人的"冬瓜明目说"这荒谬之"刀"，以谬对谬，批评了主人的吝啬。

自然地，幽默中的"借刀杀人"与军事策略上的"借刀杀人"有本质的区别。前者是虚的，正义的，能以凛然正气制胜，它因具有道德上的优势而容易形成幽默。

金蝉脱壳、以退制胜，是幽默艺术中最幽默的一种策略。它的妙处就在于从没有空子的地方钻出空子来，并从空子中蜕化出来。

"我本人是完全同意的"

"晏子使楚"的故事大家一定还记得。晏子使楚，楚人让他钻狗门，他钻进去了，但却能巧妙地出来，能够把钻狗门蝉蜕羽化为"使狗国而入狗门"，这就是金蝉脱壳幽默术，它贵在活脱，是幽默艺术中最幽默的一种策略。它的妙处就在于从没有空子的地方钻出空子来，并从空子中蜕化出来。

常用的金蝉脱壳策略有三种：

一是顺水推舟，顺流而脱。就是抓住对方的话把子，给自己找台阶下。

比尔在理发店理完发，刚起身，碰巧经理也来了。

"你好，比尔，你很会利用时间，上班理发。"

"是的，先生。你看，我的头发是在上班时长的。"

"不是全部吧，其中一部分是下班后长的。"

"是的，先生，您说得好极了。所以，我只理掉上班时长的那一些。"

比尔违反公司规定，上班擅离工作岗位，被经理当场逮住，骑虎难下，但能抓住经理"上班"、"下班"的话把子，顺着经理的梯子而下，尽管回去还要挨罚，但至少在公共场合没有当场下不了台。

二是顺坡而下，打岔而脱。

威尔逊任新泽西州长时，他的一位好友，州参议员去世了。威尔逊非常悲痛，立即做出取消当天一切约会的决定。刚做完决定，就接到了该州一位政治活动家的电话：

"州长先生，"那人结结巴巴地说，"我，我希望能代替已经谢世的参议员的位置。"

"好吧，"威尔逊漫不经心地说，"如果殡仪馆同意的话，我本人是完全同意的。"

威尔逊对这位趁人尸骨未寒，就想踩着他的尸体往上爬的政治家当然十分厌恶，但不是训斥，而是抓住他表达不清的弱点，先答应，而后岔开，变成完全同意他进火葬场，给对方以辛辣的讽刺和风趣的调侃，成功地运用了金蝉脱壳之策。

三是点中哑穴，趁机而脱。

法官：你有生以来，究竟有没有老老实实挣过一次钱？

骗子：当然有过。

法官：是哪一次。

骗子：在最近这次法官选举中，我投了您一票。

骗子这一句话犹如点中了对方的哑穴，使之说不了话，追问不下去。骗子自己也就摆脱了。

> 无中生有表面上是与实事求是对着干的，实质上是一种更高层次的幽默艺术，是对实事求是的曲折艺术表现。

"把鼻子都碰扁了"

这里有一则《白索画与画白画》的故事。

索画者："我很喜欢您的画，连做梦都梦见您送我一幅画。"

画家："好说，送你一幅吧。"画家顺手拿过一张白纸，指着白纸对索画者讲解画的奥妙，"先生，在这张画里，你可以看到一头牛，它正在吃草。"

索画者："草在哪儿？"

画家："哦，被牛吃光了，它还待在那里，岂不是等着白白饿死。"

画家先答应索画者，给一幅画，造成一种预期心理，然后用白纸赠索画者，以白画对白索，作无中生有的解释，并在同时运用实际生活中存在的现象——即牛吃草，草被吃光了，牛没草，牛走了，将无的东西消解，虚虚实实，使先前的预期心理与实际结果形成强烈反差，幽默也就产生了。

无中生有技巧的运用一般包括四步：悬念、渲染、反转、突变，而巧妙的悬念是无中生有造成幽默的前提。

鲁迅先生的侄子周晔，在《我的伯父鲁迅先生》一文中，叙述了这么一件生活小趣事。有一次在伯父家里，大伙儿围着一张桌子吃饭。我望着爸爸的鼻子，又望着伯父的鼻子，说："大爹，你和爸哪儿都像，就是有

这么一点儿不像。"

"哪一点儿不像呢？"伯父转过头来，微笑着望我。他嘴里嚼着，嘴唇上的胡子一动一动的。"爸爸的鼻子又高又直，你的呢，又扁又平。"我望了他们半天才说。

"你不知道，"伯父摸着自己的鼻子，笑着说，"我小时候，鼻子跟你爸爸的一样，也是又高又直的。"

"那怎么……"

"可是到了后来，碰了几次壁，把鼻子碰扁了。"

鲁迅这则幽默的成功之处，在于巧妙设置悬念，中间没有什么渲染，也没有什么转折，就像孙悟空翻筋斗云，一翻就到了南天门，这种无中生有，生得突兀，生得奇谲，迅雷不及掩耳，需要更长的回味。

无中生有，也有"难"产的时候，折腾了大半天才能生出来。

N君是日本最大的广播电台的首席播音员。一天，N君对一位新同事说：

"喂！相川，你过来一下。"

"好的。"

"你既然能被本电台录用，想必基本常识一定不错吧！"

"啊，是的，我想至少……不过……"

"好，你简单说出日本的三大牌坊。"

这时，相川显得非常紧张，心中七上八下的，咚咚直响。围在一旁的同事也睁大眼睛注视着他们，想知道问题的正确答案，也瞧着这场戏的发展。大家觉得N君的问题太阴阳怪气了。但相川却仍在绞尽脑汁。经过一番思忖，相川终于鼓起勇气。

"安芸的宫岛牌坊。"

"还有呢？"

"伊势的大神宫牌坊。"

"还有呢？"

"嗯，还有……还有……"

"不知道吗？"

"唔，真不好意思，我一下子想不起来……"

相川提心吊胆，直冒冷汗，N君突然笑道："告诉你吧！我所谓的三大牌坊就是威士忌（两名词的日本读音相同）。"

无中生有表面上是与实事求是对着干的，实质上是一种更高层次的幽默艺术，是对实事求是的曲折艺术表现，比实事求是具有更普遍的涵盖性。

"指桑骂槐，说白道黑"就是利用语言表层含义的不同，以一个东西为凭借，字面上说的是它，但从深层次上传达出的是另一层意思，这层意思虽不明言，但彼此都了然于心。

"让我把心留在教室吧"

《红楼梦》第三十回宝黛吵架后，宝玉赔礼道歉，两人言归于好。宝玉心里高兴，无意中把宝姑娘比作了杨贵妃。林黛玉为了打岔，就问宝钗看了些什么戏，很少生气的薛宝钗这时趁机说了一段精妙的骂词：

"我看的是李逵骂了宋江，后来又赔不是。"宝玉便笑道："这出戏叫作'负荆请罪'，你怎么不知道？"宝钗说："你们博古通今，才知道'负荆请罪'，我不知什么叫'负荆请罪'。"薛姑娘回答林姑娘的话，已经是"指桑（李逵）骂槐（宝玉）"了，指与骂都很巧妙，致使宝玉一下子没反应过来，引出了宝玉的自作聪明。宝钗更生气了，抓住"负荆请罪"这个话柄，

索性连宝黛一起骂，如此自然、雍容、典雅的指桑骂槐，也只有薛宝钗才能骂得出来。

所谓"指桑骂槐，说白道黑"就是利用语言表层含义的不同，以一个东西为凭借，字面上说的是它，但从深层次上传达出的是另一层意思，这层意思虽不明言，但彼此都了然于心。

据司马光的《资治通鉴》记载，唐太宗的皇后（长孙氏）死了，唐太宗很想念她，就在宫中搭起了一座很高的楼台，暇时便登台眺望她的陵墓，以表达他对这位助他定天下处理国务及君臣关系的贤淑皇后的哀思。一天，他邀请宰相魏徵一起上楼去眺望，他问魏徵看到皇后的陵墓没有。魏徵说："我老眼昏花了，没法看到皇后的陵墓，只看到献陵（太宗父亲唐高祖的陵墓）。"这以后，唐太宗就把这座楼台拆了。魏徵明明看到了，故意说看不到，意思是批评唐太宗不该只想念自己的老婆，更应该思念建立唐王朝的父亲，所有这一切都只能是心照不宣的。这里心照不宣有两个作用：一是安全，避免冒犯皇帝；二是以此反衬出表述的不符合实际，以构成谐趣。

下课了，可老师还在不停地讲课。有个学生，眼睛不住地往操场上瞧。老师批评他说："你呀，人在教室，心在操场，这怎么行呢？"学生听了说道："老师，让我人去操场，把心留在教室好吗？"这位学生的指白说黑幽默意在说老师已下课了，不应还把学生留在教室。这层内在意思大家心里都明白。"心留在教室"和"人去操场"显然荒谬，形成反差，谐趣也就产生了。

从上述可知，"指桑骂槐、指白说黑"幽默就是用双方心照不宣的名实不副，把白的说成黑的，指着桑树骂槐树，从而产生反差，传达另一层真正要表示的意思，达到幽默交流的目的。

在人际交往中，真正攻击性的幽默相对来说是比较少的，可能引起不良后果，但是如果是在非常亲近的亲属或朋友之间恰恰又是交流情感的一种常用方法。

"我自己走路去好了"

在人际交往中，真正攻击性的幽默相对来说是比较少的，纯调侃性的往往居多，但即使是纯调侃性的，往往也带着假定的虚幻的攻击性。日常生活中的开玩笑，取绰号，都属此列。攻击性如果对于陌生人，则不管多么虚幻，也都不礼貌，可能引起不良后果，但是如果是在非常亲近的亲属或朋友之间，恰恰又是交流情感的一种常用方法。攻击性更强烈的幽默，可以称之为戏谑性幽默，这种幽默的亲切感也更强些。

文欢是著名流行歌手，杨锋是知名青年作家，两人是要好的朋友。杨锋因大作问世，特设宴请来几位好友庆贺庆贺，文欢自然被请。宴会开始时，文欢举杯向杨锋敬酒，说："老兄，虽说你是小人，我是君子，但今天我得先敬你一杯！"众宾客都愣住了，连杨锋一时也不解其意，忙微笑着询问："此话何解？"文欢笑着朗声答道："你是小人——动手；我是君子——动口！"满堂宾客听了，顿时为之捧腹。杨锋更是兴奋，把酒一饮而尽。宴会气氛一下子活跃起来。文欢的敬酒辞开始确实攻击性太强了，一下子让人无法承受，大家也突然紧张起来，如不是文欢很了解杨锋，知他为人，风险就大了。等到一解释，大家心里猛然放松，使人产生一种精神解脱的快感，文欢的幽默目的也达到了，皆大欢喜。

　　戏谑性调笑在功能上有一个特点，它是纯粹用来放松情感的，于实际问题的解决并不起任何作用。比如说，深夜有人敲医生的大门，来人请医生赶快出诊，医生很不愿意地从被窝里出来，随口说："他得了什么病？"来人说："他吞下了一只大老鼠，现在痛不欲生。"医生这时不得不起来了，但仍然说："那好办，去叫他再吞一只猫就是了。"如果医生这样说完又躺下去了，不想救病人于水火之中，就不是医生本人的幽默，而是对医生的讽刺了。如果医生把来人逗笑以后，看到他神经放松了，拍拍他的肩膀说："走吧！咱们一起去找一只胃口好的猫吧！"幽默的戏谑性就立即被来者领会了。

　　如果戏谑性用在陌生人之间，不辅以切实的解决问题的办法，那很可能会导致误会。比如碰到这样的场景：

　　旅客："到火车站要多少钱？"

　　司机："先生，七十元。"

　　旅客："我的行李该付多少钱？"

　　司机："免费。"

　　旅客："好吧，请你把我的行李载到火车站，我自己走路去好了。"

　　这种戏谑性的意义，只有在你立即明白无误地把七十元付给他之时，才显示出来。否则可能引起通常偏重实用价值而缺乏幽默感的司机的困惑或恼火。

　　使用戏谑、幽默时要注意适合时宜，把握分寸，要有过人而精细的感觉能力和洞察能力，才思敏捷，否则就不能登堂入室去幽默地戏谑你的朋友或其他人。

面对一些刁问，采用曲折的、间接的内容避开答非所问，曲尽其妙。

"我认为是强的一方胜利"

一个画家去拜访德国著名画家阿道夫·门采尔，向他诉苦："我真不明白，为什么我画一幅画用了一天工夫，可是卖出去却要一年？"门采尔认真地说："请倒过来试试吧，亲爱的！如果你花一年工夫去画它，那么只用一天工夫就准能卖掉。"画家问的是导致卖出去时间长的原因，而门采尔答的却是，"怎样才能尽快地把画卖出去"。门采尔本来是批评这位画家作画粗制滥造，可是用了一种建议的、假定的语气来表述，特别是用了"倒过来试试"这样的俏皮话，就把批评的锋芒收敛在温和的语气之中了。

一位打扮时髦的富商的妻子，来拜访一位名作家。她想知道什么是开始写作的最好方法。"从左到右。"作家回答。表面上顺顺当当地作了回答，实际上等于没有回答，这意味着，这个问题根本不值得回答，这里硬性的锋芒被"从左到右"的毫无实用价值的玄虚话语掩盖了。

德国一位名叫贝仑哈特的年轻钢琴家为诗人席勒的诗《钟之歌》谱曲后，特地举行了一个演奏会，把大名鼎鼎的伯拉姆斯也请来了。伯拉姆斯凝神地听着，有时还满意地点点头。演奏结束后，贝仑哈特问伯拉姆斯："阁下是否很欣赏此曲？"伯拉姆斯笑着说："《钟之歌》到底是首不朽的诗。"问的是曲子如何，答的是诗很好。问非所答，似乎连起码的逻辑也不懂，

很玄，但也很曲折地暗示，他所欣赏的是席勒的诗而不是贝仑哈特的曲。

从以上三例中，我们可以知道，答非所问是软幽默的一种，一般通过间接化、曲折化的方法处理，具有一定的玄虚性。

契诃夫成了名，家里总是不断地有慕名而来的崇拜者。有一天，来了三位上流社会的妇女，她们一进来就力图表现出很关心政治的样子提出了一些问题，"安东·巴甫洛维奇，你认为战争将会怎样呢？"契诃夫咳嗽了两下，想了一会儿，随后温和而认真地说："大概是和平……"

"当然啊！会是哪一方胜利呢？希腊人还是土耳其人？"

"我认为是强的一方胜利……"

"那么照您看来，哪一方是强的呢？"

"就是营养好、教育高的一方……"

一位太太大声赞美道，"啊，多聪明！"

另一位太太问道："您比较喜欢哪一方啊？希腊人还是土耳其人？"

契诃夫和蔼地看了她一眼，带着亲切温和的微笑答道：

"我喜欢蜜饯，您呢，您喜欢吗？"

"很喜欢！"太太们兴致勃勃地嚷道。

"它多么香啊！"另一位太太认真地说。

于是这三位太太活泼地谈起来，并且显示出她们对于蜜饯的问题有非常广博的学问和精细的知识。她们显然很高兴，现在用不着再费脑筋装出对政治的关心了。

契诃夫的这种幽默的关键在于，不去回答究竟是喜欢希腊人还是土耳其人胜利的问题，而是不动声色地提出了她们是否喜欢蜜饯的问题。契诃夫以答非所问的方式表现了他对三位太太的同情胜过了不满。软硬兼施，曲尽其妙，才是幽默家高明的表现。

> 对一些人所共知的典故再加以歪曲，与原意的反差就分外强烈，可产生不和谐之感，从而显得荒谬滑稽。

"这叫'一不做，二不休'"

在我国，古典经籍多为文言，与日常口语相去甚远，在通常情况下，即使不加以歪曲，就把它翻译成现代汉语的口语或方言，也可能造成极大的语义反差，如果再加以歪曲，与原意的反差就分外强烈，可产生不和谐之感，而显得荒谬滑稽。

唐朝的《唐颜录》中有一则歪曲经典著作《孝经》的事例。

北齐高祖有一次召集儒生开讨论会，会上辩论得很是热烈。石动筒问博士道："先生，天姓什么？"博士想北齐天子姓高，因而回答："姓高。"石动筒说："这是老一套，没有什么新鲜。这本经书上，天有自己的姓，你应该引正文。不要拾人牙慧。"博士道："什么经书上有天的姓？"石动筒说："先生你根本不读书，先生不见《孝经》上说过：'父子之道，天性也。'这不是说得明明白白，天姓'也'吗？"石动筒在这里歪曲经典的窍门是用了"性"与"姓"的同音。并且将原文中虚词的"也"字实词化，显得特别牵强附会，因而也就特别滑稽。

司马迁的《史记》上有一句名言，叫作"一诺千金"，说的是秦汉之际，和刘邦一起打天下的武将季布，只要他一答应，多少金钱也无法改变。

香港有个笑话就歪曲地解释了这个典故。有一位女士问先生："'千

金一诺'怎么解释？"先生说："'千金'者，小姐也，'一诺'者，答应也。意思是说，小姐啊，你答应一次吧。"把历史英雄的典故，通过词义的曲解变成了眼前求爱的词言媒介，二者之间的距离有多遥远，则滑稽的程度就有多大。歪曲经典最关键的仍是曲解，古与不古就是问题的最关键所在。生活中运用这种方法的事例也比比皆是。

工厂有一青年肚子疼，医务室给他开了病假条，他把病假条交给班长后，就在车间里的板凳上躺了下来。班长见了，问："你有病怎么不回家休息？"

"回家要扣奖金的。"

"那你躺在板凳上干什么？"

"我这叫'一不做，二不休'。"

"一不做，二不休"的成语是表示决心的，这位工人歪解这一成语，诙谐成趣，令人好笑。

张小姐在见到男友与别的女孩在一起，状甚亲昵。

第二天见到男友便气冲冲地质问："你……想不到你竟是喜新厌旧的人，说，昨天那个女的是谁？"

男友急忙辩解道："你误会啦！我哪会是这种人，你才是新的，她是旧的！"

男友将"喜新厌旧"拆成"你才是新的，她是旧的"，造成张冠李戴的幽默效果。

老师：你解释一下什么是热胀冷缩呢？

学生：暑假长、寒假短。

"热胀冷缩"本来是用来解释物理现象的，而这名学生却歪解其义，将其挪用到寒暑假时间上，荒谬可笑，却不乏幽默。

心照不宣的假痴假呆能构成幽默，但以谬为真、以愚为旨，使其谬之态一目了然，也可成笑。

"原来剃头这么难"

弗洛伊德说："当一个人完全感觉不到抑制的时候，他就会出现天真。当我们听到天真的言辞，抑制的作用就会骤然解除，从而产生笑。"

心照不宣的假痴假呆能构成幽默，但这并不是说真痴真呆就不可能有喜剧性的意味。恰恰相反，在古今中外的许多经典性喜剧文学作品中，大部分主人公都是真痴真呆。从塞万提斯的《堂吉诃德》到莎士比亚的《仲夏夜之梦》，从《西游记》中的猪八戒到民间传说中的程咬金，都是真诚地迷谬不悟的，他们不是故作蠢言，自我调侃，而是以谬为真，以愚为旨的。这些传说中的人物形象的动人之处不是他们的愚而执着，而是他们的一片天真。

①有位书呆子一天早上起来，问家中的使女说："你昨天夜晚梦见我了吗？"使女说："没有。"书呆子大为恼火地说道："我在梦中分明见到你了，你抵赖什么？"他还跑到自己母亲那里去告状说："傻女该打，我昨夜明明梦见她了，她偏死不承认梦见我，真是岂有此理！"

②有一个卖鹅的，因要出恭，把鹅放在地上去登厕。有人以鸭子把鹅换去了。这人从厕所里出来大为惊叹："很奇怪，才一会儿不见，鹅就饿得这么又黑又瘦了。"

常理与常识是人际交往中不言自明的前提，而在以上两则故事中则成了矛盾的焦点，书呆子不知"梦"中真假，卖鹅人不辨鹅鸭，但读者是有此常识的。因而幽默效果油然而生。假痴假呆，故作蠢言之所以可笑，是因为双方明知其谬误，却仍有真痴真呆的蠢言愚行，它主要用于自我调侃，而真痴真呆则用以讽喻他人，让他在常识和常理中说显而易见的蠢言。真痴真呆之趣除了属天真烂漫的范畴以外，还有一种属于自我暴露性质的。

下面有两则小故事。

①兄弟二人攒钱买了一双靴子，其兄常穿之，其弟觉得吃亏，待其兄夜间睡了，便穿上到处行走，遂将靴穿烂。其兄说："我们再出钱来买一双。"其弟说："买来靴子会误我睡觉。"

②一个剃头匠初学剃头每刀伤一处，则以一手指掩盖之，后来刀伤越来越多，不胜其烦，就感叹起来："原来剃头这么难，须得千手观音才好。"

以上两个故事是把小小毛病的后果夸张到异乎寻常的极端上去，以致带有明显的虚幻性，读者只顾欣赏其虚幻性的可笑、可叹，对后果的可信任性没有任何疑虑，因而幽默也就产生了。

假痴假呆的自我调侃和真痴真呆的自我暴露，都属轻喜剧范畴，即使有所讽喻，其间敌意很少而好意很多。

言此意彼、一语双关是中国自古以来常用的幽默方式，最大妙处在于隐含了矛盾，钝化了锋芒，双关幽默是我们中国人自古以来的幽默形式，最大妙处在于，你听着似乎觉得我在说我，或说其他，实际是在说你。

"医生，永别了"

双关幽默是我们中国人自古以来的幽默形式，也是我们中国人的幽默特色。它利用词语的多义现象，有意使其具有双重含义，达到言在此而意在彼的表达效果。双关法的最大妙处在于，你听着似乎觉得我在说我，或说其他，但你听得出来，实际是在说你。这样，说者处于主动的位置，任意地指桑骂槐，而你却抓不着明显的借口去反击，只有承受听、想，理智地或进或退。

请看我们的古人是怎样对付刻薄的主人的。

有个有钱人，待人很刻薄。这天吃饭的时候，来了客人。他把人家留在厅堂里，自己偷偷地溜到里面吃饭去了。

客人很生气，大声说："这座厅堂很可惜，许多梁柱被蛀虫蛀坏了！"

有钱人听见了，急忙走出来，问道："虫子在哪里？"客人笑了笑，答道："它在里面吃，外面怎么知道？"

客人的话就是语意双关，一指是虫子在吃，二指是主人在吃。

人们在生产实践、社会活动和科学研究中，为了保证思路的一贯性，所使用的概念必须统一，不能朦胧模糊，不能任意转换。不然，人与人之

间的交流，不论是书面的还是口头的都无法深入下去。所以，人们为防止概念被转移，都是一是一，二是二，不能是一又是二。然而，幽默却可以是一又是二，它可以超越通常的理性逻辑规范，可以因概念转移而提高其价值。为了方便概念转移，有幽默感的人专在那些界限比较模糊的概念上做手脚，达到语意双关的效果。

双关幽默一个明显的特点是，同一个概念中包含着两种不同的意思，即最后出现两种概念并存，一个意思在外，一个意思在内。它与一般的概念偷换不同，在一般的概念偷换中，行文过程被偷换的概念逐渐消失，而另一概念成为主体，最终只有一个意思起作用。如：

甲：我求你一件事，你能为我保密吗？

乙：当然可以。

甲：近来我手头有点紧，你能借给我些钱吗？

乙：不必担心，我就当没听见。

这里乙的最后答复把"借钱"的要求偷换为保密的要求，表面上他同意保密，而且在程度上还强化了，没听见，自然不会传播出去，但实际上他是对借钱的要求只当没听见，因而也就不会借。

而一语双关则有异于此，有时两种概念最后并存。例如中国古代有一个笑话：

有对夫妻急于要儿子，在生下第二个女儿时，便把她取名为"招弟"。第二年又生了一个女儿，便取名为"再招"。第三年仍生女儿，他们仍不死心就取名为"又招"。第四年还是生女儿，他们不得不认命了，只得将这个最小的女儿取名为——"绝招"。

这里的"绝招"有两个意思。第一个意思是终止再招的意思，第二个意思是拿手好戏的意思。这两个意思同时并存，互相冲突，才显出了轻喜剧的幽默意味，终止再招是终于认输的结果，而"绝招"恰恰是得意之作的意思，二者结合在一起便使"绝招"带上了反语的色彩。格外显出重男

轻女者无可奈何哭笑不得的心态。

在一语双关中，我们的任务是找到一个能容纳不同意思的概念，而且要让两个概念在具体上下文中同时显现。如果最后这双重意思是互相抵牾的，那么其喜剧色彩就更浓，幽默感就强。如果双重意思并不互相抵触，而是可以和平共处，则喜剧性就微妙些。但不管两者是否冲突，均以互相不协调为止。

有这样一则笑话：

小亮出院了，高兴地向医生告别："再见，医生！"

小亮的奶奶在一旁听了，很生气地说："再见？你还要来医院啊！"

小亮慌忙改口道："那……医生，永别了！"

小亮在这里无意之中撞上了双关运用，"再见"有双重语义：第一为礼貌用语，第二为下次再见。奶奶脱离具体语境，出现理解偏差，误导小亮，弄得表达更为糟糕。

幽默感是与显而易见的刻薄不相容的，幽默家应该把对人的贬义淡化。一语双关提供了另一重语义，把你的攻击锋芒掩盖起来，使你的智慧情感和人格得以升华。

夸大丑化，极力渲染，用令人吃惊的语言吹嘘到离奇怪诞乃至荒唐的程度，情趣得以产生。

"你把我也吊上吧"

幽默中所用的"夸张"与修辞中的夸张有点不同之处，主要是指讲话者把自己的经历或能力或所见所闻用令人吃惊的语言渲染，吹嘘到离奇怪诞乃至荒唐的程度。夸张之法，其实生活中随处可见。如："他真是死要面子！""我是白手起家的。"只是这些例子为人们习以为常罢了。表达幽默夸张时，需要一种调侃、达观的态度，可以运用大词小用、庄词谐用等手法。

有一个急性子，一天进城，刚入面食店便大叫大嚷："为什么还不上面条来？"店主端来面条，说："快点快点，我要洗碗了！"

他回到家里，对妻子说："我快气死了！"

妻子立即收拾包袱，说："你要死了，我去改嫁！"妻子改嫁的第二天，后夫要跟她离婚，她问什么原因，后夫说："你为什么还不生儿子？"

这几位急性子，一个比一个急，整个故事中很多地方都是大词小用，造成强烈的不和谐效果，从而产生幽默感。

夸张往往用来讽刺怪诞、吝啬与愚昧。

齐国有一位健忘症患者，病情严重，他妻子叫他找著名的郎中艾子给他治一治。他骑着马拿着弓箭就出去了。不一会儿他因为要大便，就把马拴在树上，箭插在地上。大便完了以后，他看到地上的箭吃了一惊说："好

危险，哪里射来的箭？几乎射中我。"他又看到树上拴的马，大喜说："虽然受点虚惊，可拾到一匹马。"他拉起缰绳就要回家，脚却踩在自己拉的大便上，跺脚骂道："真倒霉，踩了一堆狗屎，把脚弄脏了。"他牵着马回到家里，却不知道这是什么人家。他妻子大骂了他一顿，这个人又很惊讶，说："我从来不认识你，为什么要骂我？"这个故事把健忘症的言行夸张到了怪诞的地步，自然会招致一连串的笑声。

再举一例：

有人去酒店打酒，觉得酒酸，不想要，店主很恼火，就把他吊在梁上。又有一人来打酒，问吊那人的原因，店主说了。这个人说："让我尝尝！"完了，他皱眉对店主说："你把我也吊上吧！"运用夸张、吹牛，往往神侃海吹，笑痛肚皮。

等车的时候，三个旅游者聚在一起吹嘘他们本国的火车跑得快。法国人说："在我国，火车快极了，路旁的电线杆看起来就像花园中的栅栏一样。"英国人接着说："我们国家的火车真是太快了！得往车轮上不断泼水，不然的话，车轮就会熔化。""那有什么了不起！"美国人不以为然地说："有一次我在国内旅行，女儿到车站送我。汽笛一响，我忙探出窗口吻我的女儿，不料却吻了离车站六英尺远的农夫。"

无独有偶，还有一则互相吹嘘自己国家机器技术先进的例子，夸张得更加荒诞离奇。

甲："我们国家发明了一种机器，只要把一头猪推到机器的入口处，然后转动手把，香肠便会从机器的另一端源源不断地出来。"

乙："这种机器早已过时了。我们国家现在发明了一种机器，如果你觉得香肠不合口味，只要将把手倒转一下，猪便会从原来的入口处退出来。"

运用此法的关键是：穷尽想象之能事，极力夸大想象，离现实越远，越荒诞，越离奇，幽默感越强，越引人发笑。放飞想象的翅膀，大胆夸张，随时随地，你都可应用自如，博得一乐。

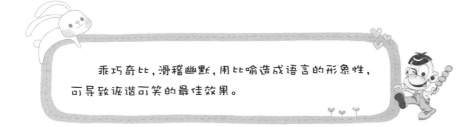

乖巧奇比，滑稽幽默，用比喻造成语言的形象性，可导致诙谐可笑的最佳效果。

"老师，外面有一千只鸭子找您"

学者们认为，"凡喻必非类"，而且本体同喻体离得越远越能起到幽默说笑的效果。比喻是导致幽默的重要方法，其主要功能是造成语言的形象性。让人感到别致，出乎意外，荒诞离奇的比喻是导致幽默滑稽的最佳材料。

《笑林广记》中有这么一则笑话：

一县官拜见大宪。谈完公事以后，大宪问："听说贵县有猴子，不知有多大？"县官回答说："大的有大人那么大。"县官自觉失言，赶忙补充说："小的有奴才那么大。"

这里，县官情急之中言语失礼，冒失之后赶快补救回来，贬低自己，以示道歉，令旁观者哑然失笑。奇特的比喻，让人感到别致，出乎意外，给人以幽默滑稽之感。

有两家吵架，一人问旁观者吵架的经过，旁观者不愿带上自己的主观评判得罪任何一方，于是他急中生智，如果说："先是'女子单打'，接着是'男子单打'，最后孩子们也都参战，是'团体赛'，经邻居们的百般劝说，这才收兵。"

这样，旁观者不仅避免了听到繁琐的吵架过程的叙述，而且比直言为"先是两家女主人对骂，然后男主人对骂，最后两家的孩子们都来帮忙"的叙述更具情趣。

用比喻进行幽默贵在"奇"字。首先喻体应是新奇的或奇特的，通常为接受者心理上所未曾预料或难以想到的。本体一般是被玩或被讽刺的对象，或者至少是非严肃，非神圣不可侵犯的事物。在喻体的奇特之下，本体的某种特征得到十倍、百倍，甚至千倍的放大，这当然就很容易令人发笑了。

下面，我们来看看爱因斯坦的一则幽默故事。

有一次，一位年轻人请他解释什么叫相对论，他生动而幽默地打了一个比方："当你和一位美丽的姑娘坐上两小时，自感到好像坐了一分钟；但要是你在炽热的火炉旁哪怕只坐上一分钟，却感到好像是坐了两个小时。这就是相对论。"爱因斯坦用通俗、放大的倍数关系将深奥的理论简单、明白化，喻理于笑，妙趣无穷。用比喻幽默要自然得体，不露痕迹，给人以天衣无缝之感，方可令人解颐。

老师对吵闹不休的女学生说："你们叽叽喳喳，简直胡闹。一个女孩相当于五百只鸭子。"不久，一名女生在外面报告："老师，外面有一千只鸭子找您。"老师莫名其妙，出去一看，原来是自己的妻子和女儿来了。

当然，生活中也有比喻运用失当的时候，下面的情书即是。

一位年轻的厨师给女友写情书：

亲爱的，无论在煮菜或炒菜的时候，我都想念你！你简直就像味精那样少不得。看见蘑菇，就想起你的圆眼睛；看见猪肺，就想起你红润、柔软的面颊；看见鹅掌，就想起你那纤长的手指；看见豆芽，就想起你的腰肢。你就是我的围裙，不能没有你。答应嫁给我吧，我亲爱的味精，我会像伺候熊掌般地伺候你……

小伙子想用比喻来幽默，结果弄巧成拙，丑化了意欲美化的对象，自然事与愿违。但仍然笑意无穷，不妨一引。

> 正话反说，反话正说，巧用语词意义的反转，两相对照，形成反差，构成笑意。

"您怎么越来越苗条了"

有一个老人受尽了儿子、媳妇的虐待。一天，有人问他："你儿子、媳妇对你怎么样？"老人想了想说："我这三个儿媳妇跟儿子对我都很孝敬。大媳妇怕我太寂寞，经常敲锅打碗给我听；二媳妇怕我太想女儿，经常催我串门；三媳妇对我更贴心，常对我说：'晚饭少一口，活到九十九。'现在连早饭也给我节省了。"老人反语正说，表面肯定，实际否定，形褒实贬，形成大起大落的语言变化，既揭露了事实，又不至于太让儿子、媳妇难堪，达到委婉含蓄地批评儿子、媳妇的目的。

还有一种是正话反说。

一个朋友好久不见，突然见面，发现他长胖了。你可以实话实说："你怎么越来越胖了！"但你的朋友听了心里会不高兴。你也可以这样调侃："你越来越有膘了！"这带点戏谑性的幽默似乎不太雅。如果换成正话反说："啊！你怎么越来越苗条了！"幽默的表达会令你的朋友嗔怪地笑起来。

从字面上看，这似乎荒诞不经，但从深层次上去理解，它传达出了另一层意思，虽不明言，却彼此了然于心。二者形成对照，反差很强烈，谐趣就形成了。这些方法被广泛地运用于相声、小品之中。

　　有一篇名为《挤车的诀窍》的讽刺小品，正儿八经地说着反话。

　　朋友，你可知北京乘车之难？……上下班乘车都成了一门学问。

　　先说上车，车来时，上策为"抢位"——犹如球场上的抢点。精确计算位置，让车门正好停在身边，可收先据要津之利。中策则贴边。外行才正对车门，弄得拥来晃去，上不了车，枉费心力。北京人不同于外地人，哈尔滨人上车是"能者为王"，上海人多少会顾及颜面，但动辄大呼小叫，使你无心恋战。北京人又想讲点风格，又想早点上车，但决不会在车门前上车。最好的办法是贴住车厢，装出一副泰然自若的样子，一点一点地把"无根基"者拱开。只要抓住车门，你就赢了。老北京都精于此道，所以售票员洗车，从来无须擦车门两边——那全是老北京的功劳。下策呢，可称"搭挂"，将足尖嵌入车门，万勿先进脑袋，而后靠紧车门，往里"鼓棚"，只要司机关不上门，他就得让你上车。

　　这里是反话正说，表面不守秩序，实际是讽刺不守秩序之士。由于这些以肯定语气讲的话是明显荒谬的，因而才是可笑的。生活中很多人善用此法讽刺嘲弄，一般运用于轻松活泼的场合。但也有例外，在美国，人们甚至可以从严肃认真的交通指示牌上发现反语，在美国西海岸一条公路的急转弯处有一个标语牌是这样的："如果您的汽车会游泳的话，请照直开，不必刹车。"提醒人们刹车却反说成不必刹车，这则反语绝无讽刺嘲弄的意思，它只是给人一个别具一格的警示。

同音异义、诙谐风趣，是一种典型的戏弄、调笑方式。如果安排得当，连用巧妙，可发人雅兴，令人捧腹。

"家没有论斤两的啊"

同音异义是一种典型的戏弄、调笑的言辞，如果安排得当、运用巧妙，便可以变幻出许多色彩纷呈、诙谐有趣的楹联、诗词以及文章来。

明朝洪武年间，江西出了一个全国知名的才子，名叫解缙。据说他4岁的时候，有一天在街上玩耍，不慎跌倒在地，引起人们哄堂大笑，他爬起来便念了四句诗："细雨落绸缪，砖街滑似油。凤凰跌在地，笑杀一群牛。"他长大中举后，任翰林学士，可是朝廷里有几个老臣却对他不服气，总想找机会教训教训这个年轻人。在一次宴会上，有个上了年纪的大臣出了一句上联，并指名要解缙对出下联，这句上联是：

二猿断木深山中，小猴子也会对锯？

解缙知道，这老臣是想让自己当众出丑。因为上联表面上是说小猴子对锯，但"对锯"与"对句"谐音，自己如果对上了，等于承认自己是小猴子；如果对不上，他们又会说早怀疑小猴子不能对句了。解缙当然不肯服输受辱，他稍加思索，便针锋相对地对出了下联：

一马陷足污泥里，老畜生怎能出蹄！

下联讲的也是动物，"出蹄"与"出题"谐音。以此影射出联的大臣是"老畜生"。所以解缙的下联刚一出口，立刻引得在座的人哄堂大笑，那个老

臣腺得面红耳赤，狼狈不堪。

苏东坡有一则"狗啃骨头"的幽默。这天，苏东坡与友人承天寺参蓼泛舟赤壁，见一狗在河滩上啃骨头，灵机一动，说："狗啃河上（和尚）骨。"参蓼一听，觉得话中有话，马上回敬一句："水流东波诗（尸）。"两人听罢哈哈大笑。因为，表面听来，是吟诗写实，颂扬风雅，实际上是互相戏弄，互相嘲笑。

生活中，很多场合由于同音词或是听不明白，或是理解错误，无意中套上了另一个同音异义词，由此引出笑话。如：

顾客："请问这里有巴金的《家》吗？"

店员："这是书店，不是居民区。再说家也没有论斤两的呀！"

由于音同，再加上店员的无知，造成"巴金"与"八斤"、"《家》"与"家"两相干涉，滑稽可笑。同时，也可通过谐音构成双关产生幽默。

清代末年，李鸿章有个远房亲戚，不学无术却参加科举考试，试卷到手，不能成文，焦急之余，想在试卷上写"我是当朝中堂大人李鸿章之亲戚"。他因不会写"戚"字，竟写成"我是李中堂之亲妻"。主考官阅后，批道："所以我不敢取（娶）你。"由于主考官取考生的"取"与"娶"同音，就把两件风马牛不相及的事扯到了一起。也正是这同音的巧合，让人感到妙不可言，当人们解开谐音的匣子领悟到话语所关照到的不同意义时，就会发出会心的笑来。

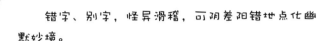

错字、别字，怪异滑稽，可阴差阳错地点化幽默妙境。

"你总是吹毛求屁，肆无忘惮"

有一则笑话《我一定刎你》。

女儿：我的男朋友变心了，他要杀我。

母亲：他出差还没有回来，你怎么知道？

女儿：他在信上写的。

母亲：怎么说？

女儿：他说"见面时，我一定刎你"。

之所以闹出这样大的误会，就是因为写了错字，把"吻"写成了"刎"，故构成了笑话。

《古今文人逸事》里有个写别字的故事。

明朝时，有个官吏叫袁太冲，很喜欢吃枇杷。有一年，袁太冲过生日，女婿为了巴结岳父，就准备了一筐枇杷送去。袁太冲的女婿平时喜欢自吹，实际上功底并不深厚，在给岳父的礼帖中竟写着"无甚孝敬，谨奉琵琶一筐"。袁太冲有个老朋友叫莫延韩，是个读书人，喜欢舞笔弄墨，又爱诙谐打趣。他看到帖子上"谨奉琵琶"的字样，以为这是乐器琵琶，可是揭

开筐子一看，却是一筐枇杷果！这时，莫延韩心里好笑，诗兴油然而生，就顺手在礼帖上写道："琵琶不是这枇杷，只因主人识字差。若是琵琶能结果，满城弦管尽开花。"袁太冲的女婿看后，羞得满脸通红，饭也不吃了，酒也不喝了，偷偷溜了回去。袁太冲的女婿由于把"枇杷"写成了别字"琵琶"，由此遭到了莫延韩的嘲笑，故构成了笑话。

由此可见，错字是指用错的字，别字是指用混的字，使用者一般是知识贫乏者或一时失误者。但如果我们脸不改色、心不跳，堂而皇之地用之，俨然学者风范，就会"打肿脸充胖子"，势必产生怪异，形成滑稽幽默感。

在一家副食店的门口，服务员刚在牌子上写完"现在另售"四字，旁边一位顾客说："同志，零售的'零'，你写的是别字。"服务员瞪了他一眼说："得了吧，'别'字还有个立刀旁儿呢！"服务员错用文字不懂装懂，令人好笑。

知识贫乏者一般是人们取笑的对象，他们对错别字的运用而产生的笑话也是舞台表演的重要取材来源。有一则小品中有这么一段：

女：亏你还是一个戴着军微的军人，对待恋爱不能有始有终。

男：谁说的？

女：你看你现在，跟我说话老是心不在马。

男：还有呢？

女：以前你待我好，现在对我总是吹毛求屁，有时是肆无忘惮，什么也不管。

……

这位小姐也真可怜，好端端的一些词语经她一说怪别扭的。什么"军微"、"心不在马"、"吹毛求屁"、"肆无忘惮"，如此知识贫乏，如何能赢得爱情。

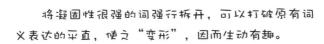

将凝固性很强的词强行拆开，可以打破原有词义表达的平直，使之"变形"，因而生动有趣。

"今日难过淡薄年"

将凝固性很强的词强行拆开，可以打破原有词义表达的平直，使之"变形"，因而生动有趣。

看下面几例：

①焦大以奴隶的身份，借着酒醉，从主人骂起，直到别的一切奴才，结果怎样呢？结果是主子深恶，奴才痛绝，给他塞了一嘴马粪。

②他这人风趣诙谐，着实将眼前的财主们幽了一默。

③五年前毕业的当儿，不是早已在师长和同学们的面前——简直是在全世界面前，宣扬他在精心构思"创"一部"作"么？

④流亡四方，生活艰苦，一直希望有个固定的家，可是，奔波了几年，一直还是不固不定啊！

⑤现在不像以前，大胆地干吧，不会革你的命的！

以上五例中，"深恶痛绝"、"幽默"、"创作"、"固定"、"革命"被有意强行拆开使用，使表达生动活泼，平添情趣。同样，将根本不能合成使用的词硬性凑到一起，也可产生俏皮幽默之感。因为，在语言运用中，每个词都有固定的含义，有固定的词性，有固定的搭配对象。这些都是约定俗成的，不能有意打破这种固定配合。否则就形成不协调，产生谐趣。

看以下几例：

①他每每回家，总是操起他那塑料普通话喊爹喊娘，弄得父母直说他是："一年土，二年洋，三年不认爹和娘！"

②有一个小伙子，看到一对青年坐在高高的城墙上谈恋爱。他叹息说："呵，这么陡峭的爱情！"

③好啊，由脑子里的最下层，大概离头发还有三四里地，找出个带锈的笑话来。

以上三例中，"塑料普通话"、"陡峭的爱情"、"带锈的笑话"都是生硬扭合的表达，其滑稽效果不言而喻。

强行拆词也好，硬性合词也罢，此法的关键在"新"，以猎"新"取胜。不管你是否拆得合理，合得恰当，因为幽默中拆词、合词不必考虑思维常规与言语规则习惯，拆得越离谱，合得越别扭，幽默感越强。

有这样一则小幽默：

牛得草，原名牛俊国，著名豫剧表演艺术家。据记载，有一次，牛俊国与戏迷李春芬聊天，请李先生为自己起个艺名，李先生说："姓侯的，有叫侯得山的，姓于的，有叫于得水的；姓朱的，有叫朱得康（糠）的；你姓牛，就叫牛得草吧。"牛俊国很高兴，当下改名为牛得草，字"料足"，别号"饮水"。这是一拆词起名的方法，重新搭配后字面活泼，幽默生趣，别具新意。

故意将词素重新结合，构成新的意境，使幽默产生。

从前，有个名叫覃老四的人，靠着祖上留下万贯家财，过着富裕的生活，但他好逸恶劳，懒惰成性，父母一死，就把家当挥霍光了。春节到了，人家都高兴地杀猪宰羊，办年货。可覃老四穷得无隔夜粮，他打肿脸充胖子，在覃家门上贴一副对联："行节约事，过淡薄年"。

人们见了对联，不禁哈哈大笑，有人在他的对联上提笔各添三个字，便成了"过去懒行节约事，今日难过淡薄年"。还有一类，虽无故事所讲，但词素运用巧妙，同样幽默好笑。

如郭沫若先生在《我的童年》中写道："他写些古而怪之，怪而古之的奇字，用些颠而倒之，倒而颠之的奇句。"按汉语格式，"古怪"、"颠倒"是不能拆开使用的，而作者在特定的环境里把它拆开，起到了轻松活泼、幽默有趣的作用。可见，词语拆得巧，合得妙，同样能收到幽默的效果。

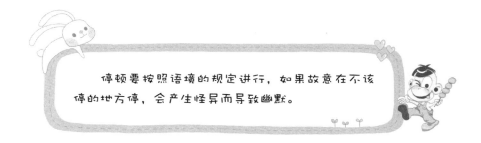

停顿要按照语境的规定进行，如果故意在不该停的地方停，会产生怪异而导致幽默。

"我赞成他也赞成你怎么样"

停顿是指语句或词语之间声音上的间歇。停顿有区别意义的作用，像下面一段文字："我赞成他也赞成你怎么样？"可以因停顿位置的差异而有不同的理解："我赞成他，也赞成你，怎么样？"和"我赞成，他也赞成，你怎么样？"停顿要按照语境的规定进行，如果故意在不该停的地方停，会产生怪异而导致幽默。

民间曾流传一个这样的故事。有一秀才想捉弄一财主，过年时，他设计了一段"吉利"话送给财主。他是这样说的："养猪头头象，老鼠只只死，酿酒坛坛好，造醋缸缸酸。"财主听了，满心欢喜。有一明白人告诉财主，这话很难听，说着念了起来："养猪头头像老鼠，只只死；酿酒坛坛好造醋，缸缸酸。"与秀才的意思相反，财主气得七窍生烟。

再看一例：

从前，有一人家，因为连年遭受官司，弄得全家都很苦恼。这年除夕

晚上，父亲对两个儿子说："明天就是大年初一，咱们爷儿仨想几句吉利话，写到纸上贴起来，盼望明年来个好运气，免得再吃官司。"两个儿子都很赞同，便请父亲先讲。父亲想了想说："今年好。"

大儿子说："霉气少。"

二儿子说："不得打官司。"

父亲又说："喂猪长成象。"

两个儿子齐声说："老鼠死个净。"

爷儿仨就这样一共凑了二十一个字，用红纸写了一幅长条，也没加标点符号便贴在了中堂上。大年初一的早晨，他家的女婿头一个来拜年。一进屋子，看见中堂上贴着长条，上面写着一行没加标点的大字，便高声朗诵起来：

"今年好霉气，

少不得打官司，

喂猪长成像老鼠，

死个净。"

以上两例中，秀才和女婿都用语音的不同停顿，使语义产生不同，前者戏弄了财主，后者却与原本过年求吉利话构成强烈反差，产生了笑话。

运用此法的前提是一句包含二义，可以通过停顿使意义明确。如：

"世上如果男人没有了女人就倒霉了。"

这句话有两处可停顿。

"世上如果男人没有了，女人就倒霉了。"

"世上如果男人没有了女人，就倒霉了。"

停顿不同，意义正好相反。巧妙运用停顿，可以趁机反击，平添笑意。一般多用于言语交际中。

故意把连贯的话语超常顿跌，引造悬念，然后快速表达，可造成笑料，形成幽默。

"他们都牺牲了"

顿跌主要是指口语表达中，有意把意思完整的一句话截断，先说一半，停顿一下，暗示语流的发展方向，使听者产生误会，然后说出后半句，在语流方向急转的情况下让听者明白正意所在，恍然大悟。以此表现深刻的幽默意韵。例如：

某日，纪晓岚为某朋友的老母祝寿，朋友请他咏祝寿诗。纪氏即席应道："这个婆娘不是人，"满座听了大骇，纪氏从容答道："九天神女下凡尘。"接着又吟道："生个儿子去做贼，"大家不由得一怔，纪氏却不慌不忙地说："偷得蟠桃寿母亲。"短短四句话，却使人两怒两喜，这就是顿跌所产生的喜剧性效果，其奥妙就在于语流意义的逆转：从"不是人"到"九天神女"，从"贼"到"偷桃献寿"。这样的神来之笔，恐怕只有这位才智超群，以诙谐著称的纪晓岚先生才能信"口"拈来。

还有一则"司令员发枪"的例子。

某司令员对部下说："一个人一杆枪——"战士们欢呼雀跃，激动不已。"这是不可能的。"战士们大为失望。"两人一杆枪——"战士们鼓掌。"但这也是不可能的。"战士们垂头丧气。"三个人一杆枪——"战士们不抱什么希望。"还是可能的。"大家惊喜，毕竟有枪了。"但是木头枪。"

这里司令员运用了"滚雪球"的方式，采取停顿方法造成出乎意外的

语义突转，趣味横生。著名语言学家吕叔湘曾用过这种方法。

有一次，会上发言，他说："今天，我要讲很长的话——"全体与会者发出叹息。他接着说："大家是不欢迎的！"听众释然，鼓掌。

这里，发言者运用停顿有意设下圈套，让人感觉到其发言很长，不料停顿之后意义突转，语意前后反差强烈，产生幽默效果。

顿跌的表达要求是：语流的停顿要自然、合理，语流方向的逆转要完全出乎意料。上下文意思形成反差越强烈，效果越好，要能做到棋高一筹，具有"翻手为云，覆手为雨"的语言表达效果。

顿跌法多用于相声、小品等演出场合或者生活中的逗笑场合。如相声《海燕》中有一段：

甲：她们都牺牲了。

乙：啊？！

甲：一顿午饭。

乙：嗨，你一块儿说不行吗？

生活中可运用这种方法逗乐：

"我是县长——"停顿，然后接"——派来的"。"是专门搞妇女——"停顿，接"——工作的"。

在表达这样的幽默故事时，要停顿适时，述说平稳，加强语义落差，表达起伏跌宕，将笑声推向极致。

> 仿拟的关键处在于出乎意料地把毫不相干的事扯在一起，内容越是风马牛不相及越好，距离越大越能引起惊讶，仿拟本体与新词结构越相似就越有幽默性。

"都有一颗为私的心"

所谓"仿真"，就是选用一种人所共知的词、语、句、调、篇及语句格式加以走样的改编。它主要借助于某种违背正常逻辑的想象和联想，把适用于某种环境、现象的词语用于另一种截然不同的新的环境和现象之中，产生一种新鲜、奇异、生动的感觉。

某大学的团委书记在汇报工作时，谈到当今"脑体倒挂，知识贬值"，部分学生厌学的现状时，仿拟刘禹锡的《陋室铭》作了一则《教室铭》。

分不在高，及格就行，学不在深，作弊则灵。斯是教室，唯吾闲情。小说传得快，杂志翻得勤。琢磨下象棋，寻思看电影。可以打瞌睡，写家信。无书声之乱耳，无复习之苦心。虽非跳舞场，堪比游戏厅。心里云：混张文凭。

读罢此文，人们能从熟悉的《陋室铭》模式中领略到一种与之格格不入的别义，仿拟后的新义与原义形成对照，产生不协调之感。人们听了大笑之余，会陷入深思，探寻厌学的原因是什么？

仿拟的关键处在于出乎意料地把毫不相干的事扯在一起，内容越是风马牛不相及越好，距离越大越能引起惊讶，仿拟本体与新词结构越相似就越有幽默性。

语形仿拟主要可分为三种类型，即仿词、仿句、仿篇。仿词，是把合成词或成语中的某个语素换成意义相反、相对或相关的语素，从而临时仿造出一个"新"的词语。

乙：你不会跳舞？

甲：我会跳六。（侯宝林《给你道喜》）

电影演员陈述曾说过这样一段话："因为我会英语，在三年困难时期，我偶尔到宾馆当义务翻译，帮点忙。结果在'文革'中背了一个罪名：'企图里通外国'！其实我是想：'里通肚肠'！因为我不取分文，宾馆只招待我吃饭……"

第一例中，将"舞"谐音成"五"，再按其顺序仿造一个"跳六"来，风趣地否定了自己会跳舞。第二例中，陈述模仿成语"里通外国"造成"里通肚肠"，两相对照，反差极大，听罢让人捧腹大笑。

仿句，即仿拟现成的句子格式，在特定的语言环境中创造表示新的含义的句子。仿句多侧重于流传的俗语、谚语，大家熟悉的诗文、戏曲中的名句。例如：

俗语说："万般皆下品，惟有读书高"，其实历来都是"万般皆下品，惟有做官高"。知识分子如果做不了官，地位就很惨。

仿句"万般皆下品，惟有做官高"，深刻地揭示了"文化大革命"以来，知识分子的地位和处境，幽默地嘲讽了当时"有权就可以横行无忌"的社会现实。

仿篇，即仿拟文学宝库中的名篇佳作，尤其是一些短小精悍的诗文，全篇套用其句式、语气和表达格调，以表达出新的思想内容，"旧瓶装新酒"就会与人们耳熟能详的原诗文大不相同，显得很不协调，从而构成具有深刻教育意义或讽刺意义的幽默作品。例如，有人仿《春晓》作了一首诗："春眠不觉晓，上班伸懒腰。夜来麻将声，输赢知多少。"

运用仿拟法应注意：要仿拟久已流行、为大众所喜闻乐见的语言形式，

要尽可能简练精悍，且特征明显，让人一听就明白；要防止生吞活剥，机械模仿，仿拟的作品要与"原型"形成较大反差和对照，从而透露强烈的幽默情趣来。

在人际交往中，恰当地运用仿拟可以更好地帮助你沟通与交际对象的情感；可以把原本很生硬、很无味的"死"语言化为生动活泼、诙谐幽默、意趣横生、新颖奇妙的"活"语言，只要我们平时加以训练，便可在适当场合顺手拈来。

下面我们举一些仿拟的最佳例子。

仿拟成语：

作家——投笔从"融"；历史学家——读"股"论"金"；书法家——玩物丧"字"；技术人员——坐以待"币"；银行人员——持"资"以"横"；教师——谆谆"叫悔"；演员——多"财"多艺；出版商——添"资"加"页"；受贿者——据"礼"力争；抢劫者——无"为"不致；家庭教师——因"财"施教；老实人——愚昧无"资"。

仿拟歌词：

"我家的表叔数不清，没有私事不登门。虽说是亲眷，也有生人，可他比办公还热心，……都有一颗为私的心。"

> 故意调换词序、语序的位置，改变对方所传达出来的意义，可以产生意想不到的幽默效果。

"我粉碎了每一个障碍"

　　词序、语序是词语在语句里的排列顺序，是汉语组词成句、区别意义的两种最重要的手段。故意调换词序、语序的位置，改变对方所传达出来的意义，可以产生意想不到的幽默效果。语词颠倒主要是指颠倒词序和语序两种情况。

　　词序颠倒是指调动字、词在句中的位置，使句意逆转。如：曾国藩和太平军作战时，一连几次大败，自己也几乎被太平军杀死。根据规定，他必须按时向皇上汇报战况。无奈之下，他只好如实地写自己"屡战屡败"。一位师爷看到了，觉得不妥，提笔改成"屡败屡战"。曾国藩一瞧，顿时明白过来，他知道"屡战屡败"显得自己昏庸无能；"屡败屡战"，却表现了一种英勇顽强的精神。为此，曾国藩将师爷大大地赞扬了一番。

　　"屡败屡战"强调的是"战"，表现的是一种奋勇拼搏，能经受住失败的打击，屡次重振旗鼓地积极向上的精神，展示出来的是一支勇往直前的军队。"屡战屡败"强调的是"败"，展示出来的是一支不堪一击的军队。"败"与"战"虽然只是两个字的位置的细微调换，可传达出来的感情与意义却截然相反。

　　有一个牙刷的推销员打着"包不脱毛"的牌子去推销他的产品。有个顾客从推销员那买了一把牙刷，刚一用，毛便稀里哗啦地脱了一大半，顾

客很气愤，跑到推销员那里去评理。只见推销员指着牌子从右到左开始念："毛脱不包"，推销员不紧不慢地说："看清楚了吗，这不是明明写着'毛脱不包'吗？"推销员将"包不脱毛"几个字完全颠倒过来念，便使意思来了个180度的直转弯，将责任推脱得干干净净。但这种纯功利性质的推销术运用到现实生活中就不是幽默而是欺骗，因为它是以损害顾客的利益为前提的。

语序颠倒是指颠倒句子中主语、宾语、状语、定语、补语等句法、语法的顺序，使句意变化。下面我们通过一些生动的事例对这种方法加以说明。

有人询问巴尔扎克："您是怎样写出那么多宏伟的作品的？"巴尔扎克耸了耸肩，把手中的手杖递给人们，人们在他的手杖上看到刻着这么一句话："我粉碎了每一个障碍。"后来，奥地利的颓废作家弗朗茨·卡夫卡也曾用过这句话，只是颠倒了句中的主语和宾语："每一个障碍粉碎了我。"前者，"我"是"粉碎"这一动作的施事者，表现出一种积极进取的精神面貌，以成功者的姿态出现；后者"我"是"粉碎"的受事者，表现出的满是沮丧与颓废。例中卡夫卡借用巴尔扎克的话，调换主语与宾语的位置，幽默风趣地将自己与巴尔扎克的写作风格区分开来。

苏联卫国战争结束不久，有一次，斯大林到剧院看演出，扮演斯大林的演员演得十分出色，斯大林向他表示热烈的祝贺，并说："你演得真好，我真像你呀！"是斯大林像演员呢，还是演员演得像斯大林呢？斯大林不说"您真像我"，而说"我真像你"，这既表现出斯大林谦虚诚恳，平易近人的精神，同时又构成了幽默。颠倒语序、词序，可以化解窘境，熄火降温。

课堂上，老师正在讲课，一个学生伏在桌上睡着了。"啪！"——老师用教棒敲醒了睡觉的学生，很生气地说："你怎么这样不争气，一摸到书，就睡着了。"学生抬起头来，答道："不，老师，我是睡着了，还拿着书呢！"

老师和同学都笑了。"一摸到书，就睡着了"老师是责怪学生学习不认真，而学生却巧妙地颠倒老师话语的语序，将"学习不用功，看着书就睡觉"的自我形象，摇身一变而成为学习非常用功的典型，"你瞧，我是太用功了，睡着了，还拿着书"，为自己找了一个很体面的台阶。生活中，这种颠倒词序、语序的现象也很多。如有人去副食品商店买菜，对售货员说："咸带鱼你给我称三斤。"这里将"宾语"、"咸带鱼"提前，变成了"你"的同位语，容易造成误会，产生笑话或幽默。

只要我们注意收集生活中的笑料，经常实践，定能应用自如，创造富有情调的幽默效果。

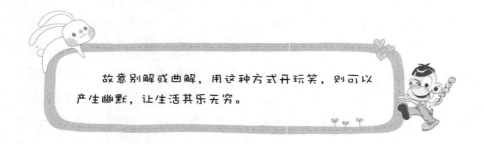

故意别解或曲解，用这种方式开玩笑，则可以产生幽默，让生活其乐无穷。

"我们都是在同一天结婚的"

内容靠形式来表现，不同的事物可以有相同的表现形式。如果故意别解或曲解，用这种方式开玩笑，则可以产生幽默，令生活其乐无穷。

曲解人家动作行为所要表达的实际内容。例如，一个人低头看地，可以理解为他是在寻找东西，也可以理解为他头痛难忍；一个人抬头望天，可能是鼻子出血，也可能是在数星星。这种误解是由于动作行为的外在表现形式表达出多种内涵，人们可以从这个角度了解，也可以从那个角度了解，正所谓，"横看成岭侧成峰，远近高低各不同"。

下面我们来看一则由"跺脚"的动作产生的幽默。

在野外夏令营活动中,一位姑娘想把一只癞蛤蟆赶出营地,以免她的猫去咬它。她不断地向它跺脚,癞蛤蟆就接连向后跳。这时,旁边的人大声说:"小姐,你就是抓住它,它也永远不会变成白马王子的。"小姐跺脚,意味着要赶走癞蛤蟆,但大家知道童话中青蛙王子的故事,所以也可以荒诞地用来意指她想抓住它,好使它变成白马王子。这一错误的理解,着实挺有意思。

夜间,一先生与妻子看电视。广告时间,妻子到阳台上拿东西。"有贼!"忽然一声惊叫,妻子跑了过来,死死地抱住先生,浑身发抖。小偷仓皇逃走,看着妻子,先生说:"哦,亲爱的,你抓错了!"妻子其实是因胆虚、害怕而紧紧抱住丈夫,而丈夫却将妻子"跑"过来"抱"的过程,误解成"捉小偷"的动作,故戏谑地说:"亲爱的,你抓错了!"借幽默轻松的笑来缓解妻子心头的胆怯与紧张。误解对方的语言形式所要表达的实际内容。同一语言形式在不同的语境、不同的场合中有其特定的意义,如果我们无视特定语境中的语言所指的特定意义,用非此语境下的另一平常义代之,造成理解上的强烈反差,产生笑意。

如:新兵正在操练,排长大声叫着:"向右转!向左转!齐步走!……"一个新兵忍不住了,向排长问道:"你这样打不定主意,怎么能带兵打仗?"新兵脱离"操练"这一具体的语境,把排长的训练口令"向右转"、"向左转"、"齐步走"误解成排长的意志不坚定,一会儿要士兵向东,一会儿要士兵向西,一会儿要士兵齐步走,最终一句"你这样打不定主意,怎么能带兵打仗",怎能不让人捧腹!

误解对方表达特殊性内容的话题,用事物的普遍性代特殊性。比如说:"语言是人类用来交际的最简单的工具。"而不同的语言又有不同的特点、构成与功能。其普遍性往往为人所共知,特殊性则为个别所了解、觉察,两者同时存在,相互辩证,不可或缺。在交际中,如果把对方表达特殊性

内容的话语理解成普遍性，会影响交际的进行，如果故意曲解并进行非常规的回答，则可产生幽默效果。例如：

某人参加招聘考试。

主考："你是哪里人？"

求职者："我是中国人。"

主考："不，我是问你住在哪里？"

求职者："家里。"

英国兰开夏郡俱乐部贴出："怎样使婚姻幸福"讨论会的海报。海报上有这样一句话："你和你丈夫之间有什么共同之处？"有人在这句话的下边加了一句："我们都是在同一天结婚的。"这种驴唇不对马嘴的回答，一般是表达者特意使然，表达了幽默心态，体现了机敏才智。如果发生在孩童之间，幽默从不经意中来，乐趣更是无穷。

娜佳阿姨："上次我们在这里见过一只小猫，它现在怎么样啦？"

莎莎："娜佳阿姨，难道你真的不知道？"

娜佳阿姨："我什么也不知道呀！"

莎莎："真的？"

娜佳阿姨："真的！"

莎莎："它已经长成大猫了！"

小朋友用"猫长大了"这一普遍性规律回答了娜佳阿姨问题的特殊所指，使人们的期待心理落空，幽默就在这种失落之后的醒悟中形成。

旁敲侧击，曲径通幽，转弯抹角，直话曲说，妙意无穷。

"这不是菜，难道是肉不成"

旁敲侧击是中国古代成语之一，主要用于军事。以后引申，用于方方面面。幽默方法借用这一成语，即不正面回答问题，通过绕弯子把观点引向曲折，出现意料不到的幽默效果。它与婉曲揭秘似乎在程度上有所区别，婉曲较含蓄得体，旁敲侧击要尖锐刻薄得多，是硬幽默的一种。

旁敲侧击主要采用曲意讽喻的方式，是我国传统的幽默技巧，能起含笑怒骂之功效。这里有一则曲意嘲讽主人吝啬的幽默，似乎技高一筹。有一客人见主人招待他没有菜肴，便跟主人要来副眼镜，说视力不好使，戴上眼镜后，大谢主人，称赞主人太破费，弄这么多菜。主人道："没什么菜呀，怎么说太破费？"客人曰："满桌都是，为何还说没有？"主人曰："菜在哪里？"客指盘内曰："这不是菜，难道是肉不成？"……

此则笑话，一波三折，客人嘲讽主人，手段高明，令人叫绝。"此菜"非"彼菜"，"菜"非"肉"最后一语破的，揭露了主人的吝啬。曲意嘲讽运用在生活中，一般有"含笑骂人"之功效。20世纪80年代初，流行喇叭裤，有一小伙子的喇叭裤又长又大，一天，他母亲给他洗裤子，要他拿

把剪刀来,他不解,问母亲拿剪刀干什么,母亲回答说:"你这'扫把裤'用来扫地还差不多,如果下面剪成条了,地板会扫得更干净。"小伙子笑了,笑得很不自在。母亲巧用曲意嘲讽的方法,道出了喇叭裤的弊端,并将其夸而大之,比起直接的批评更尖锐有力。

在清末吴趼人的《二十年目睹之怪现状》的谴责小说中,有许多旁敲侧击的寓言故事,此处我们摘引几段,看看其中的幽默效果。"看看幽默几百首,不会作幽也会欣。"

饥猫与饿虎相遇:

猫问:"你是吃人的,怎么饿成这个样子呢?"

虎答:"近来世风日下,没有一个像人的东西,所以无人可吃。但是,你吃鼠,世间无人,总不至于没有鼠吧?"

猫叹了口气说:"并非世上无鼠,而是鼠很多。近来,一班鼠辈会钻营,一个个都爬到高枝上去了。叫我如何去吃它?"

地藏王菩萨总是闭着眼,要每年七月三十日才张开眼。人问何以如此?地藏王说:"人世间尽是卑鄙之事,叫我如何能看,不如闭了眼干净。"

狗最会媚人取宠,见穷人就咬。一日,狗外出,遇见金钱豹,急忙上前献媚,金钱豹张口就咬,狗从一小洞逃命,叹道:"近来越是遇上有钱的,越要吃人。"

猴子,一天偷得衣冠,穿戴起来,大摇大摆,招摇过市,群兽走避,一老猴见其嘴脸,笑着说:"大家别怕,它无非是个衣冠禽兽罢了。"

这几则幽默不仅好笑,而且入木三分,越嚼越有味。运用旁敲侧击、直话曲说要尽量避开锋芒,说得含蓄风趣,这都需要有临场应变的机智。只要我们在平常的实践中,注意灵活应用,定能"熟能生巧,游刃有余"。

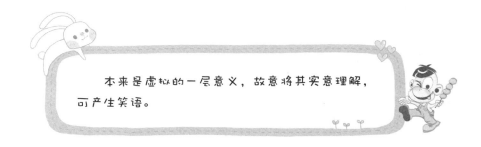

本来是虚拟的一层意义，故意将其实意理解，可产生笑语。

"难道你要我走回来不成"

语言里有些"极言"之辞，具有明显的夸张意味，切切不可落到实处。"冷死了"、"热死了"肯定都不是真的死了；主人谦逊地说："真对不起，今天一点菜也没有"，他（她）绝对不会只给你几个冷馒头的；外地人常感叹"这个城市尽是小偷"，他也无意于毁谤这城市里的好人，因而够不上诽谤罪。最麻烦的还有一个"白发三千丈"，如果我们是不折不扣的"现实主义者"，我们会生出许多奇想来，比如我们会猜想李白是不是吃了一种奇怪的生白发激素？他是不是从一开始就长白发？或者他是不是像盘古一样活了几百年？我们自然还会想到，如果李白站到泰山之巅，让那三千丈白发拖挂下来，一定可以造就世间第一人造瀑布。所以，当某人说"冻死了，该回屋去暖和暖和了"，你若有兴致逗逗笑，便可装作一本正经的样子伸手去摸摸他的额头说："似乎还略有点温度，尚未死彻底。"饭店服务员看到顾客从碗中挑出不少碎石，不好意思地说："尽是沙子吧？"那顾客不紧不慢地说："也有不少米饭。"这是最幽默的答语，比翻脸和吵架有意思得多。我们若是坐在旁边，还可以站出来作证："真的，是有不少米饭。"如果说这话时有本事不笑则更妙。

实词虚用一般产生于代词、数量词之中。如：

"白发三千丈，缘愁似个长。"（李白诗）

"苍皮溜雨四十围，黛色参天二千尺。"（杜甫诗）

表述中，如果有意地虚词实解，则可能生发笑话。

母亲："孩子啊，股票交易是场危险的赌博，第一天赢，第二天输的。"

儿子："好吧，我隔天去玩一回。"

玩股票，输赢莫测，母亲深知风险大，以借代方式巧妙地告诉儿子，不可沉溺其中。儿子主意已定，决心不改，利用虚语实解天真地幽了母亲一默，十分好笑。

运用虚词实解的关键是：死守原理，对概念进行直观解释，故作痴愚。

有一秀才进京赶考，来到市上买马。一卖主迎上前来推销马："相公，我这匹马是千里马，一口气能跑千里，你买吗？"秀才摇头："不行不行，这儿离城里只有九百里，你马一口气就跑千里，难道要我走回来不成？不买了。"这秀才简直痴愚得可爱，痴愚得无药可救，如果我们有此痴愚劲，此法便可运用自如。平时，运用虚语实解的幽默方式可以使生活充满情趣。

一位小伙子，在向往多年之后，终于买下了一辆崭新的摩托车，没想到高兴之余，车子撞上了电线杆，好在人没事，可是摩托车车身全毁。他一面扶着摩托车，一面自嘲道："我总是说，总有一天我会有一辆自己的摩托车，现在我确实有了，而且真正是拥有那么'一天'。"看罢这则幽默，我们叹息小伙子撞坏新车的同时，似乎更敬佩他笑对挫折，笑对人生的夫子情怀。

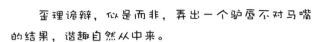

歪理诡辩，似是而非，弄出一个驴唇不对马嘴的结果，谐趣自然从中来。

"奖你钢笔一打"

诡辩为人们常用，因而它可反映出人巧用周旋，善于开脱的机智，它往往运用欺骗人的言语外表蛊惑人心从而取胜。一般的诡辩当然为人们厌恶，如果诡辩得巧，辩得奇，那就可收到出奇制胜的幽默效果。

下面，我们看智者阿凡提的一则诡辩故事。

阿凡提当理发师，一老者来剃头，总是不给钱，阿凡提想找机会整治他一下。有一天，这个老者又来理发。阿凡提先给他剃光了头，在刮脸的时候，问道："老先生，您要眉毛吗？"

"要，当然要！"

"好，您要我就给您。"阿凡提说着，"嚓嚓嚓"几刀，就把这个老者的两条眉毛刮了下来，递到他手里，老者气得说不出话来。

过了一段时间，这个老者又来理发。"阿訇，胡子要吗？"阿凡提又说。老者连忙改口说："不要！不要！"阿凡提连声说好，又是几刀，把老者的胡子全部刮了下来。

阿凡提利用"要"的多义施展诡计，故意误用，使得这个老者左右为难，连连上当。"要"就刮下来给你，"不要"就刮下来，所以这个老者"要"也罢，"不要"也罢，在阿凡提看来结果都是一样的，都会将眉毛、胡子

从脸上刮下来。歪理也要歪得有根有据，诡辩也要辩得不露痕迹。诡辩运用的方法很多，主要有歧义法、暧昧法、反语法、谐音法、衍义法等。

借词语歧义进行诡辩。

一位老师向学生们许诺："谁回答了这个问题有奖，奖品是钢笔一打。"

一学生答对了，老师拿钢笔在学生头上轻轻一打，说："你答得好，我兑现奖品。"学生们大笑不止。

老师利用了"打"的歧义，"一打"也可以是数量即"一打"为12，也可作动词"打一下"，"钢笔一打"中，我们习惯将"打"用作量词，即"12支钢笔"，故老师在"学生头上的轻轻一点"，"打"出了笑话。

用暧昧法诡辩同样妙趣横生。

一老先生有三个儿子，分别取名为"年纪"、"学问"、"笑话"。一天，三兄弟上山砍柴回来了。傍晚，先生问夫人："三兄弟打了多少柴？"老夫人回答说："年纪有一把，学问一点也没有，笑话倒弄了不少。"这些方法如果综合使用，则更会产生奇趣。

清代大学士纪晓岚聪明绝顶，知识丰富，思维敏锐。一个夏天，他光着膀子读书，突然有人报皇上驾到，他更衣不及，赤膊又不雅，便藏到床下去了。过了一阵子，没有动静，便钻出来问家人："老头子走了没有？"不巧乾隆皇帝并没有走，听到了他的话，便问："老头子什么意思？"纪晓岚急中生智，巧用诡辩，解释说："万岁为'老'，人上人为'头'，'子'乃圣贤之尊称。"纪晓岚出语不凡，智解困境，真是得力于他诡辩技巧之高超。

生活中运用诡辩为自己化解窘境的例子很多。

王安石有个儿子叫王元泽，从小聪颖。有一天，别人问他关在一起的两个动物哪只是獐，哪只是鹿？小元泽从未见过这两种动物，他也不含糊："獐旁边的那只是鹿，鹿旁边的那只是獐。"这位机灵鬼的故事一直流传至今。

许多人还善于运用诡辩钻别人言语表达的空子，使生活充满笑声，充满

阳光。一位幽默大师正在演讲，突然指着台上一物体问听众："这是什么？"

听众甲："这是供你喝茶的杯子。"

大师："不，这是圆柱体。"

听众乙："这是玻璃制品。"

大师："不，这是容器。"

听众丙："这是一件美丽的工艺品。"

大师："不，这是一个盛茶的杯子。"

大师巧用思维的角度性，对杯子多面发挥，智趣的辩驳使大厅掌声不断。大师的演讲点出了诡辩的关键。

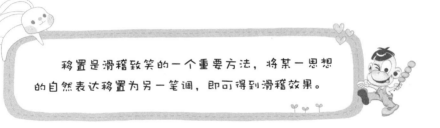

移置是滑稽致笑的一个重要方法，将某一思想的自然表达移置为另一笔调，即可得到滑稽效果。

"我想承包你的全部爱情"

柏格森认为，移置是滑稽致笑的一个重要方法，将某一思想的自然表达移置为另一笔调，即可得到滑稽效果。例如，台湾著名节目主持人凌峰在介绍自己时说："中国五千年的历史沧桑都写在我的脸上。"他借移置，为自己满脸皱纹作了绝妙的打趣，让观众乐不可支。著名演员黄宏主演的小品《超生游击队》，为超生的孩子取名为"少林寺"、"吐鲁番"、"海南岛"、"北戴河"……形象地对"游击"的范围、"超生"的地址作了绝妙生动的描述，让人解颐难忘。

移置可以采用褒词贬用、贬词褒用、今词古用、古词今用、俗词雅用、雅词俗用等手法，打破语体间的界限，实行"横向交流"，造成语体的互相错位，赋予浓厚的喜剧色彩。

相声《杂读〈空城计〉片断》中就大量运用了此法。

甲：诸葛亮当中一坐，前边是满营将官，他对当前敌人的活动进行了一系列的宏观分析。

乙：怎么分析的？

甲：诸葛亮说："根据我们侦察的材料发现，以司马懿为首的反动军队，自祁山一带向我方蠕动，从他们的行动来看，很可能进犯街亭，进一步占据西城，其目的是要把西城作为大规模侵略汉中的跳板。我们知道，西城不但是通往后方的交通干线，也是极为重要的战略要地，街亭也是西城的桥头堡。因此，我们必须主动出击，把进犯的敌人一网打尽。"

这里，诸葛亮流利地使用现代汉语，今词古用，违反了言语交际规律，颇有旨趣。

将褒义词当作贬义词来使用。

甲：咱们厂长讲成绩没个完，对问题怎么一句也不谈啊？

乙：这就叫扬长避短。

"扬长避短"，本来是指干工作、办事情要发扬自己的长处，回避自己的短处。这是一个带有褒义的词，但在此例中，乙将其褒词贬用，曲解成"只讲自己的成绩，不讲自己的缺点"，故构成幽默。

谈情说爱本来是甜言蜜语，卿卿我我的，但一旦充斥了各行业词汇，便顿生情趣。

我有一位朋友，她向我讲述了她与丈夫的爱情经历：

当我在一所大学里做兼职的银行出纳员时，一个漂亮的小伙子几乎每天都到我的窗口来。他不是存款就是取钱。直到他把一张字条连同银行存折一起交给我时，我才明白他是为了我才这样做的。"亲爱的吉，我一直

在储蓄这个想法，期望能得到利息。如果星期五有空，你能把自己存在电影院里我旁边的那个座位上吗？我把你可能另有约会的猜测记在账上了。如果真是这样，我将取出我的要求，把它安排在星期六。不论贴现率如何，做你的陪伴始终是十分愉快的。我想你不会认为这个要求太过分吧，以后同你核对。真诚的波。"我无法抵制这诱人、新颖的接近方法。听罢这个故事，在欣赏羡慕我朋友爱情美满的同时，不得不叹服朋友老公求爱手段的高明。

无独有偶，在一则《80年代情话录》中，此种方法运用得更是引人入胜。

"我得到一则消息：你爱我，是吗？"

"这条信息反馈得真快！"

"这太好了！我……恨不得……恨不得承包……"

"承包什么？"

"承包你的全部爱情！"

"妈妈原来说由我自己做主的，就怕到时不给我落实政策。"

"我们不需要父母的赞助！"

"小声点！你的喉咙，立体声似的，又不是做广告，要搞得人人皆知！"

"不会有人听到的！这儿是公园最僻静的地带，是恋爱的特区。"

在这里，把一些科技行业用语移入日常情感语言中，调侃意味十分浓厚。

交际中，故意机械地重复某一句话或动作，以人的愚顽、僵化之感，造成窘态之趣。

"您亲自吃饭"

在幽默领域里，重复有着很大的威力。为了验证重复具有引笑功能，马克·吐温曾做过一次实验。有一次，他在演讲前设计了一套近乎夸张的上台动作，连续做了五遍，机械地重复使台下听众忍俊不禁，大笑不止。

重复运用的领域很广，相声中的三番四抖法，就是以重复为基础的，这里的"三番"即多次重复。多次重复，便让听众产生一种"惯性思维"，认为接下来的也是同一类型的表达，结果抖出另外一个结果，使人陷入窘境，引发人们的笑声。例如《海燕》中有一段：

甲："哟！你还真有点渔民的生活经历。"

乙："我从小在海边长大的。"

甲："这么说，你驶过船？"

乙："驶过！"

甲："你也摇过橹？"

乙："摇过！"

甲："你也出过海？"

乙："出过！"

甲："你也翻过船？"

乙："翻过……没翻过！"

重复，还被广泛运用于人民喜闻乐见的民谣、时政民歌中，用以加强讽刺效果。

"检查团未到惊天动地，检查团来时铺天盖地，检查团来后花天酒地，检查团走后威风扫地。"（讽刺形式主义者）为什么重复会引人发笑呢？柏格森有一则著名的论断对此作了精辟的回答："……哪儿有重复，有完全的相似，我们就怀疑在生动活泼的东西背后有什么机械装置在活动。……把生动导引到机械方面去，这就是引人发笑的真正原因。"

有一个笑话，说的是一个人特善溜须拍马，一见领导做事，总是用上"亲自"二字。

领导参观画展，他说："您亲自看看。"

领导下乡出差，他说："您亲自出差。"

领导食堂吃饭，他说："您亲自吃饭。"

有次在厕所碰到领导，他随口道："您亲自……"觉得不行，改口为"您亲自蹲点"。

重复有时是由口头禅或习惯动作引发的，或思维受阻一时间接不出下句，只好喃喃地重复同一句话，或尴尬紧张时不断地重复同一习惯性动作。幽默中的"重复法"虽与此有相类似的表现，但它是故意而为之。

会说才能赢

大词小用，小题大做，可以破坏言语和环境的平衡，使表达双方发出会心一笑。

"请把孩子带到地球上来"

作家冯骥才访问英国时，一个非常友好的华人全家来访，双方相谈甚欢。冯骥才突然发现客人的孩子穿着鞋子跳到了他洁白的床单上，而孩子的父母并没有发现。这时，冯骥才表示不满的任何言辞或表情，都可能导致双方的尴尬，但是幽默帮了他大忙。他微笑着对孩子的父母说："请把孩子带到地球上来。"作家大词小用，使双方会心一笑，问题解决了。

大词小用，就是把一些意义比较"重""大"，一般只用在反映大场合、大事件等语言环境中的词语放到同它不相称的小场合、小事件中去使用，同时使所述事物"升级"，小题大做，这样就破坏平衡，产生了幽默。"大词小用，小题大做"与"夸张"有点相类似，但不完全等同，"大词小用"有夸张的成分在其中，但它的夸不是胡吹乱夸，"大词"与"小词"之间必须有某种意义上的联系。它实质上是用大场合、大事件中的词语代替小场合、小事件中的词语，将本来很小的鸡毛蒜皮的事扩大化，形成一种语境情感的强烈反差。说白了就是故意错用词语，用词不妥也。

在讲话或作文时，大词小用如果交错出现，纷至沓来，效果必定是"喜不胜收"。下面我们来看看一个不愿读书小孩的幽默。

"放寒假了，爸爸不让我游戏人间，说是会玩物丧志，硬要我天天背

诵《成语词典》。"

"让你背诵《成语词典》？"

"那么厚，八百八十九页，叫人惨不忍睹，我一看见它，就多愁善感了。我要不背诵，爸爸就入室操戈。我要跑，他就要打断我的腿，要削足适履，爸爸力气大，打起我来重如泰山，不像妈妈打我轻如鸿毛。爸爸一耳光把我打得犬牙交错。我只好背诵，背得肝脑涂地，满脑子的成语。"

这篇作文大词小用，真乃幽默透顶，什么"游戏人间"、"玩物丧志"，什么"惨不忍睹"、"入室操戈"，什么"削足适履"，什么"重如泰山"、"轻如鸿毛"，什么"犬牙交错"、"肝脑涂地"，为了夸大其父亲的蛮横，他居然将古代刑罚"削足适履"也用上了。这样一来，他的不爱学习的缺点在粗鲁的父亲面前显得不值一提了，将读者的注意力转移到父亲身上，使之不得不对他又怜又爱，怎么也"恨"不起来。

大词小用的应用范围极其广泛，日常生活中俯仰皆是。如两个好友忽然不再来往，旁人就说"他们已断交"。事后若和好如初，就说"又恢复外交关系"。形容年轻人相爱则说："他们爱得天昏地暗，天崩地裂，叫人目不忍睹！"只要平时注意收集词汇，做生活的有心人，并在实践中经常运用，你将使自己在幽默的道路上迈进一步。

> 擅自改变事物的前后关系、因果关系、主次关系、大小关系，理就会走向歪道，有时歪得越远，谐趣越浓。

"我的衣服怎么不见了"

有个厂长与朋友相聚，告诉朋友说："在厂里我是头儿！"朋友说："在家里呢？"厂长说："那还用说，当然也是头儿！"朋友又问："那你爱人呢？"厂长笑着说："她是脖子。"朋友问："这是什么意思呢？"厂长回答："这你都不懂，头要转动，不是要听脖子的摆布嘛！"厂长在工厂是"头儿"，在家里他的地位就变了。厂长借用脖子与头的关系作喻，将"脖子"与"头"的表面位置与实际功效颠倒过来，委婉地表达了自己在家中的地位又不失风度。

什么是本末倒置？我们知道，什么事都有一个"理"，"理"的存在为人们司空见惯，如果擅自改变事物的前后关系、因果关系、主次关系、大小关系，理就会走向歪道，有时歪得越远，谐趣越浓。

下面的例子是最好的说明。

一位乞丐常常得到一位好心青年的施舍。一天，乞丐对这个青年说："先生，我向你请教一个问题。两年前，你每次都给我十块钱，去年减为五块，现在只给我一块，这是什么缘故呢？"青年回答说："两年前我是一个单身汉，去年我结了婚，今年又添了小孩，为了家用，我只好

节省自己的开支。"乞丐严肃地说："你怎么可以拿我的钱去养活你家的人呢?"乞丐喧宾夺主,对青年的责怪过于离谱、荒谬,令人们吃惊之余,哑然失笑。

有一户人家,一贫如洗,一小偷夜间上门偷东西,主人虽然清楚,但很坦然,随便小偷去偷。小偷摸到了米缸,脱下身上的衣服去包,主人想这是明天的饭食,不能让他偷走,于是顺手把小偷的衣服拿走了。小偷找不着衣服,惊醒了主人的妻子,妻子告诉丈夫有小偷。丈夫说:"没有贼,睡吧!"小偷抢白道:"没有贼,我的衣服怎么不见了?"小偷反客为主,斥问主人,令人好笑。这种颠倒法的运用主要产生于对事物的不了解或误解。所以主人公往往是一些迂腐、乖愚、无知人士。他们往往以自己的行为经验来看待生活,衡量世事。

列车员看到一位老大娘的火车票说:"大娘,这是从南京到上海的车票,可我们这趟车是到北京去的。"老太太一脸严肃地看着列车员,反问道:"怎么,难道连火车司机也没发现他开的方向不对吗?"作为乘客,只能登上符合自己旅游方向的车。老大娘借用此法,颠倒主次,以自我为中心,认为火车走错了方向,要求司机转向,故而造成荒谬事理,巧妙地替自己的错误开脱,冲淡了与列车员针锋相对的火药味。

会说才能赢

> 强词夺理，歪理诡辩，令人生厌，但如果一反常态，冒出个歪理，出现意想不到的结果，便可产生幽默。

"助人为乐是一种美德"

有一妇人在公园里的长椅上坐下，四顾无人，便把腿伸直放在椅子上松弛一下。过了一会儿，一个乞丐走到她面前说道："相好的，一起散步如何？""你好大胆子，"妇人说，"我可不是那种勾三搭四的女人！""那么，"乞丐说，"你在我床上干什么？"

公园的椅子是公共财物，乞丐经常在这里睡觉，所以他以为这椅子是自己的，这就是歪理。乞丐的语言并不幽默，却弄出了令人捧腹的大笑话。

理，是事物发展的必然规律，强词夺理，歪理诡辩，令人生厌，但如果是"认知失调"，在正儿八经的讲话结束时一反常态，冒出个歪理，出现意想不到的结果，便可产生幽默。

作家王蒙塑造了一位患了"雄辩症"的强词夺理者。

医生说："请坐。"

病人说："为什么要坐呢？难道你要剥夺我的不坐权吗？"

医生无可奈何，倒了一杯水，说："请喝水吧。"

病人说："这样谈问题是片面的，是荒谬的，并不是所有的水都能喝，假如你在水里掺上氰化钾，就绝对不能喝。"

医生说："我这水里并没有放毒药。你放心！"

病人说："谁说你放了毒药呢？难道我诬告你放了毒药？难道起诉书上说你放了毒药，我没说你放毒药，而你说我说你放了毒药，你这才是放了比毒药还毒的毒药！"

医生毫无办法，便吸了口气，换了一个话题说："今天天气不错。"

病人说："纯粹胡说八道！你这里天气不错，并不等于全世界在今天都是好天气，例如北极，今天天气就很坏，刮着大风，漫漫长夜，冰山正在撞击……"

医生忍不住反驳说："我们这里并不是北极。"

病人："但你不应该否认北极的存在。你否认北极的存在，就是歪曲事实真相，就是别有用心。"

医生说："你走吧。"

病人说："你无权命令我走。这是医院，不是公安机关，你不可能逮捕我，你不可能枪毙我。"

这则对话有较强的幽默色彩。强辩者的蛮不讲理又振振有词的劲头，令人不寒而栗。聪明的读者会发现，透过这些现象，我们可以感觉到强辩的背后蕴含着一个深刻的哲理。这深层意蕴的发掘，正是幽默应有的功能。

生活中，遇上强词夺理者，你该怎么办呢？最好的方法是用幽默的强词夺理，倒打一耙。这里有一则《打错了》的幽默可供我们欣赏与借鉴。

电影院的灯刚熄灭，一个小偷就把手伸进了阿凡提的口袋，当即被阿凡提发现了："喂，你怎么把手伸进我的口袋？"阿凡提问。

"我想掏烟，手伸错了，请原谅！"小偷回答。

"那没什么。"阿凡提平静地说。

过了一会儿，"啪"的一声，小偷脸上挨了一记重重的耳光。

"你怎么打人？"小偷摸着发热的脸说。

"啊，对不起，打错了，我脸上落了一只蚊子。"

阿凡提凭自己的聪明智慧，以歪击歪，以强词夺理反强词夺理，倒打一耙，令小偷有苦难言，白白地受一记耳光。

并非所有的强词夺理都是幽默。例如：正值下班时间，公共汽车上十分拥挤。一位抱着未满周岁的婴儿的妇女被挤得东倒西歪，怀中的孩子哇哇直哭。一位没座的老者十分同情，便极力温和地对一位坐在那里若无其事的青年女子说：

"同志，给他们母子让个座吧，怪可怜的。"

青年女子头不抬眼不睁：

"让座？我凭什么让座？我又不是雷锋，找雷锋叔叔去让座吧！"

老者无奈，又说："助人为乐是一种美德。"

车里开始骚动起来，青年女子面对四周投来的谴责目光，颇有些窘迫，但顷刻间又转守为攻，冲着老者嚷道："'美德'也是你说的吗？说话唾沫星乱喷，都喷到我脸上了，还讲什么'美德'？"像这位青年女子这样，不仅不让座而且反咬一口，就是十足的倒打一耙式的诡辩。因为从逻辑角度看，让不让座同"唾沫星"之类毫无关联。但这仅仅是诡辩而已，没有丝毫幽默感。因此，运用此法时，青少年朋友一定要注意，慎用之，否则，可能适得其反。

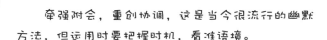

牵强附会，重创协调，这是当今很流行的幽默方法，但运用时要把握时机，看准语境。

"上司是一种猫性动物"

翻开令人恐惧而又挺有新义的书《魔鬼辞典》，你会发现这种方法应用的频率是何其高。我们看了它对"人"的解释：

"人：一种没有羽毛的两足动物。"（柏拉图）

"人：自然界脆弱的芦苇，然而是一种会思考的芦苇。"（帕斯卡尔）

"人：一种公共汽车，坐在其中的是祖先。"（霍梅斯）

"人：狗理想中的上帝。"（杰尔逊）

这些解释都是非科学的，但幽默意味含在其中。假如有人问你："一头猪加一头驴等于几？"那你怎么回答呢？你很可能会觉得这个问题太古怪了，叫人无法回答。如果你巧妙联想，无端联系，回答出："一头猪加一头驴，结果等于我加你。"这虽然似乎不近人情，但是最幽默的回答。它运用了发散思维方法。看到鱼，幽默家会说："鱼是这样一种生物，当渔夫们休假时，它们才能出去旅游。"这是一个绝妙的解释，为我们勾勒出一幅自然的野趣图，当"孤舟蓑笠翁，独钓寒江雪"时，鱼儿隐藏在水底，大气不敢出一声；当渔翁"酒醉饭饱黄昏后，不脱蓑衣卧月照"时，鱼儿们便成群结伴地嬉戏游玩。

下面我们再看几例绝妙的发散思维幽默实例。

广告：这是一种用真假参半的话编造谎言的艺术。它使你在不知不觉中被对方扒了口袋却乐呵呵地自以为占了便宜。

上司：一种猫性动物。它见了老鼠就发威，即使不吃掉老鼠也要在它头上撒一泡尿；见了老虎则趴下，好让老虎撒的尿能给它留下一点虎威。

天才：生前被别人嫉妒和迫害，死后被别人称赞和自比不幸的人。

公共汽车：这是城市的一种玩笑大师。你在后面追它时，它越走越快；而当你坐进它里面之后，它却慢慢悠悠。

父亲：这个男人未征得你的同意就把你带到地球上来，可是在以后相当长的时间里，你无论做什么事都要征得他的同意。

比基尼：男人们希望自己的老婆以外的所有女人都穿上社交礼服。

古董：第一代人买下，第二代人抛弃，第三代人用高价买回的一个尿罐。

色情狂：一种感情无比丰富的人，在他眼里，连老母猪都是双眼皮的。

私生子：未注册的联营公司的产品，因其生产者有偷税之嫌而被视为劣质产品。

健美运动：这是一种折磨肌肉、白费力气的活动，它使女人变得像男人，使男人变得像超级青蛙。

同枝异花，出奇制胜。关键技法是要抓住事物的两面性、多面性，站在不同的角度理解事物，并把两种不同的结果安置在同一环境中。

"在纽约谁也不认识我"

什么是同枝异花呢？让我们先看发生在爱因斯坦身上的一件逸事。爱因斯坦初到纽约，在大街上遇见一个朋友。这位朋友见他穿着一件旧大衣，就劝他更换一件新的。爱因斯坦回答说："没有什么关系，在纽约谁也不认识我。"后来，爱因斯坦名声大振，他仍然穿着那件旧大衣。这位朋友又劝他去买一件新的，爱因斯坦则说："何必呢，现在，这里每个人都认识我了。"爱因斯坦以不变应万变，同因并果，回答了朋友，丰富了生活，既表现了一代伟人甘于淡泊，不重衣着的俭朴精神，也表达出他愉快畅达的乐观情怀。同是因为穿着旧衣服，友人劝他买件新的，爱因斯坦却回答了两种不同的结果，因为"在纽约谁也不认识我"，穿旧衣服"没关系"；"每个人都认识我"穿什么衣服都无所谓。这就是同枝异花。更具体一点，就是说"同一件事情不同的人有不同的理解"。两种理解本不可能同时存在，但却故意把它们同时串在一起，这就是幽默中的"同枝异花"。

西方有一则幽默故事。

主人对他的黑人侍仆说："你去宰一只羊，把最好的给我们端上来。"侍仆端来了羊舌。第二天，主人又对这个侍仆说："你再去宰一只羊，把最坏的给我们端来。"侍仆端来的仍然是羊舌。主人问他为什么，他说：

"说好，没有比舌头说的话更好的；说坏，没有比舌头说的话更坏的。"同样是羊舌，本不可能既是最好的，又是最坏的，这两种完全矛盾的情况是不可能同时并存的。而这个侍仆却把它们巧妙地捏合到了一起，这是幽默的第一层，由互相矛盾的行为引起的；造成听众与主人相同的心理效应：不可理解，好奇，想知道为什么。侍仆的释疑，是幽默的第二层，使听众恍然大悟，心里释然，于是便爆发出明白后的大笑。从这我们不难看出侍仆的智慧，他借舌头所说的话既有最好听的，也有最难听的，用以讽刺社会现实问题，幽默气氛也就产生了。

"同枝异花"的运用，在具体操作过程中的难点或关键点是，抓住事物的两面性、多面性，站在不同的角度理解事物，并把两种不同的结果安置在同一个语境，自然而不做作。这主要涉及一个思维的发散性与反应的敏捷性问题。如果我们能在较短的时间内从不同的角度思考同一个问题，得出不同的结果，这两种结果离得越远，最好是相悖的，互相矛盾的，幽默效果就越强。

再来看一则马克·吐温用此法批驳异端的例子。

有一次，马克·吐温回答记者提问，说了一句令人惊诧的话："美国国会中有些议员是婊子养的。"国会议员们大为震怒，纷纷要求马克·吐温道歉，否则将诉诸法律。几天后，马克·吐温的道歉声明果然登了出来："日前本人在酒席中说有些国会议员是婊子养的。事后有人向我大兴问罪之师；经我再三考虑，我深悔此言不妥，特登报声明，把我的话修正如下：美国国会中有些议员不是婊子养的。"马克·吐温用两句表面言辞相反的话表达了同一个意思，看起来，好像马克·吐温是进行了妥协，实际上锋芒不减上次，幽默也因此产生。

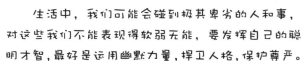

生活中，我们可能会碰到极其卑劣的人和事，对这些我们不能表现得软弱无能，要发挥自己的聪明才智，最好是运用幽默力量，捍卫人格，保护尊严。

"不如当初就吃屎"

"抓住其一，重点突破"是一种军事策略，即集中优势兵力，攻打敌方的某一个目标。运用到幽默中即是抓住对方一句话、一个比喻、一个结论，顺势而攻，反戈一击，以其人之道，还治其人之身，叫敌人推辞不得，叫苦不迭，无可奈何而接受之。

下面有两则运用此法的典型。

①德国诗人海涅是一个犹太人，常常遭到无礼的攻击。在一次晚会上，一个旅行家对他说："我发现一个岛屿，这个岛上居然没有犹太人和驴子。"海涅白了他一眼，不动声色地说："看来，只有你和我一起到那个岛上，才会弥补这个缺陷。"

②阿凡提患眼疾，看不清东西，国王取笑他："你总是把一件东西看成两件，是吗？你本来穷得只剩一头毛驴，现在可阔了，有两头了。"

阿凡提说："真是这样，我现在看见你有四条腿了。"

例①中，海涅抓住了对方语言中的"犹太人和驴子"并巧用对方语言格式反击旅行家对犹太人的嘲弄与鄙视，用"你和我"与"犹太人和驴子"相对，将旅行家当成"驴子"，表面平淡无奇，实则力敌万钧，骂得潇洒，骂得痛快淋漓。例②中，阿凡提则抓住国王话中的由"一头毛驴"到"两

头毛驴"这一倍数关系的变化，巧妙地接过国王的话锋一转，顺势而攻，回敬过去，击打得国王体无完肤。

生活中，我们可能会碰到极其卑劣的人和事，对这些我们不能表现得软弱无能，要发挥自己的聪明才智，最好是借幽默力量，捍卫人格，保护尊严。

"抓住其一，重点突破"用在生活中，有时只不过是逗趣或骂人。

有一先生与学童逗趣，先生口占一则：

"天上下雪不下雨，雪到地上变成雨。

变成雨来多麻烦，不如当初就下雨。"

学童接口道："先生吃饭不吃屎，饭到肚里变成屎。变成屎来多麻烦，不如当初就吃屎。"

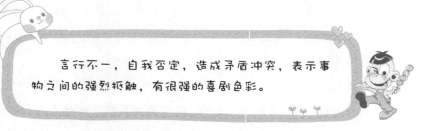

言行不一，自我否定，造成矛盾冲突，表示事物之间的强烈抵触，有很强的喜剧色彩。

"回来的路费怎么办"

有一个酒鬼，整天沉溺于酒水之中，亲友劝他戒掉，他说："我本来要戒，只因儿子出门办事未归，时时盼望，聊以借酒浇愁。只要儿子归来，我马上戒酒。"亲友说："你赌个咒，我们才相信。"酒鬼答应："儿子回来，我如果还不戒酒，就在大酒缸中闷死，用小酒杯把我噎死，跌在酒池里泡死，掉在酒海里淹死。罚我生做酒糟之民，死做酒糟之鬼，在酒泉之下，

永世不得翻身。"亲友问："你儿子到哪儿去了？"答曰："杏花村外给我买酒去了！"这个酒鬼，一再强调戒酒，并赌咒，把话说绝，耸人视听，最后又一下被儿子买酒之事全部推翻，欲擒故纵，欲抑先扬，语义跌宕，笑料顿出。

这就是我们通常听说的矛盾法。矛盾本源于《韩非子》中那位卖"矛与盾"的生意人，表示事物之间的强烈冲突，有很强的喜剧色彩。生活中，这种方法的运用频率很高。

有一小孩饿得直哭。父亲安慰他说："你要吃什么？尽管告诉我，随便你要龙肝凤胆也好，都弄来给你吃。"孩子说："那些我都不要，只要饭吃。"父亲骂道："不懂事的家伙，只拣家里没有的要。"这是言语行为的前后矛盾，父亲前面说"随便你要什么，都弄来给你吃"后面却又说"不懂事的家伙，只拣家里没有的要"，开始安慰，后即大骂，形成鲜明反差，使矛盾更加突兀，可笑而逗人。

一对新婚夫妇争吵不休，妻子说："我要跟你离婚。"说着收拾东西准备回娘家。"很好，亲爱的，车费在这里。"丈夫说。她接过钱数起来，突然说："我回来的路费怎么办？"

本来，妻子宣告离婚，意味着一去不复返，可是又问回来的路费怎么办，说明还想回家，自相矛盾。这并非虚假的矛盾，而是真诚的，不由自主的内心表达。可以看得出来，天真的自相矛盾是一种幽默。

下面一个例子更能说明这一点。

父与子在一起劈柴，父亲不慎伤了儿子的手，儿子破口大骂："老乌龟，你瞎眼啦！"孙子在一旁打抱不平，挺身大骂："贼种，父亲是随便骂的吗？"这里，孙子情急之中不但直接骂了自己的父亲，还骂了自己父亲的父亲，言行不一致，目的与效果形成反差，本欲责备自己父亲的不是，却自己"铤而走险"，与父亲的行为大同小异。

幽默意味就在其中。

再看一例：

老杨探家回来，带了一大筐木瓜，送给喜欢吃木瓜的上司。上司很高兴，但假装推辞道："让你破费，真的过意不去。"老杨见上司高兴，心里十分喜悦，一时心花怒放："哪里，这东西便宜，在我们家乡都拿来喂猪。"这则笑话幽默的原因主要是老杨激动时很自然地说漏了嘴，把刚拍响的马屁又破坏了，前功尽弃。

由于矛盾法有很强的表演性，所以利用此法幽默的最佳方式是实况展示，因此是即兴幽默中经常采用的一种主要的方法。生活中有很多利用矛盾技法构成的句子，为人喜闻乐见。如："什么都可没有，不能没有钱。""什么都应有，不能有病。"

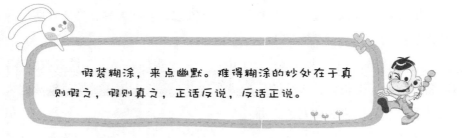

假装糊涂，来点幽默。难得糊涂的妙处在于真则假之，假则真之，正话反说，反话正说。

"我不知道你怀着孩子"

莎士比亚在其著作《第十二夜》中，让主人公薇奥拉说出了这样一句话："因为他很聪明，才能装出糊涂人来。彻底成为糊涂人，要有足够的智慧。"特殊场景中的假装糊涂其实是一种机智的应变。

一次，排完电视剧，有人给女主角打来紧急电话，导演慌忙去叫。这时，女主角已去浴室洗澡。导演跑去找她。A室、B室、C室外边都放着拖鞋，这三间浴室属于明星专用，一进门是更衣室，对面玻璃门内是浴室。导演

不知道女主角在哪个房间，一着急没敲门就推开了A房间门，这也难怪他，因为他只想女主角在浴室，哪知道她已回到更衣室，蒙着头巾正在擦头，当然丰满的胸部以下，完全裸露。女主角"啊"的一声，急忙转身隐蔽。同时，导演也叫了一声，赶紧把门关上。"啊，对不起，大三郎先生！"导演顿时喊出了男明星的名字！室内的女主角一定在惊恐之余，抚摸着那丰满的胸部而长嘘了一口气。这位导演干脆以疏忽到底的做法，不使女主角感到羞怯，而了结此事，真是高明。

下面我们再来看看普希金的一次糊涂。普希金年轻的时候并不出名，有一次，他在彼得堡参加一个公爵家的舞会。他邀请一位年轻而漂亮的贵族小姐跳舞，这位小姐十分傲慢地说："我不能和小孩子一起跳舞。"普希金微笑着说："对不起，亲爱的小姐，我不知道你怀着孩子。"说完，很礼貌地鞠了个躬。普希金的"糊涂"很巧妙地回击了无礼的贵族小姐，使自己很体面地下了台阶。

平时，我们缺少幽默感，就是因为太习惯于直截了当了。以上两位如果直接道歉或反驳，充其量只是使自己不太难堪而已。确实，在一些意外的场合，我们常常碰到一些意想不到的事情，处理不好着实使人尴尬万分。此时要化解难堪，假装糊涂，来点幽默，不失为上策。难得糊涂的妙处在于真则假之，假则真之，正话反说，反话正说，先是迷惑对方，然后大家都能体面地从困窘中"拔"出来。

有时，假装糊涂很难在复杂的场合出奇制胜，这就要求在这些场合对自己的"糊涂"来一个聪明的注脚。

保罗正在路上走着，忽然蹿出一个强盗，用手枪对着他说："要钱还是要命？""你最好还是要我的命吧！"保罗说道，"因为我比你更需要钱！"这里，保罗的上半句回答显得很糊涂，遇上歹徒，恐怕谁都会保命的，其实后一句才点出真义。

> 有备而来，随机套用，"学以致用，举一反三"，换句话说就是"入得进，出得来"。这是学习的最佳境界，套用到幽默中也同样适用。

"这是对我最委婉的批评"

"学以致用，举一反三"，换句话说就是"入得进，出得来"。这是学习的最佳境界，套用到幽默中也同样适用。

在实践中应用幽默的最好方法，是预先熟练地掌握一些与本人工作、生活有关的幽默范例，这是"随机套用"的前提，中国有句俗话"死去活来"，没有平时的知识储备，哪能有知识的灵活运用。只有"死"去之后，才能"活"过来。前提是比较容易具备的，只要我们平时做生活的有心人，有意为之，幽默素材是不难收集的。在这里，最重要的是提高自己套用这些范型的能力和自由转换这些范型的能力，套用的唯一要求就是天衣无缝，这也是运用此法成功与否的关键。

例如，你已经知道了以下几个幽默格言和故事。

"人类是上帝在周末已感疲倦之时创造出来的。"——马克·吐温

乔治·马歇尔将军带着如何加强陆军的计划去找罗斯福总统，然而每次都遭到曾在海军中服过役的总统的反对。最后，马歇尔说："总统先生，您起码不要再把海军说成'我们'，而把陆军说成是'他们'吧！"

老师面对全班同学说："记住，我们不可能永远当第一，即使伟人在时也要当第二的。"坐在后面一位自命不凡者高声嚷道："那乔治·华盛

顿呢？他是第一位总统和第一位陆军司令，这样，他就成了战争中的第一，和平时期的第一，以及人民心目中的第一。""确实如此，"老师说，"但是别忘了——他是跟一位寡妇结婚的。"

如果你光是从报纸上把这些逸事收集起来，抄录下来，你的幽默才能并未因此而提高多少。如果你能在某种场合原封不动地复述出来，就算有了一点进步。即使这样，也只能增加你幽默的知识，而还没有达到提高能力的目的。这些知识，还没有成为你生命的一部分、性格的一部分。只有你把这些材料和知识天衣无缝地放在自己的思想和框架中，这些知识材料才可能活起来。

美国的尤金·埃里克和吉恩·霍斯在他们合著的《说服人的讲话》中，把上述几则幽默用到特定场合的演说词中。

时间已经不早了，每个重要人物都已发过言。像这样把我安排在最后也许是个错误。我已感到疲倦，而且，每当疲倦之时，我都发挥不出水平。当然不止一个人是这样，正像马克·吐温曾指出的："人是在上帝已经感到疲倦的周末创造出来的。"

作者把这则幽默语言用在自我调侃上。运用现成的幽默语言只要一个前提，那是创造一种话头，恰恰与现成的幽默语言相通。在这里，作者的"疲倦感"作为话头正是为了自然而然地把马克·吐温所说的"上帝疲倦"引入自己的思想。

创造的话头自然引导人，是自由灵活套用的关键。我们再来看运用马歇尔与罗斯福争执的现成幽默故事的例子。

谢谢你善意的介绍，当然，当你开始听我讲我必须讲的内容时，也许你就会觉得不那么友好了。我再强调一次，我还没有真正充满敌意的听众，现在你带着乔治·马歇尔将军去罗斯福总统那里，要求加强陆军中的地面部队，……这位将军每次都遭到总统的竭力阻挠。总统从孩提时代起就酷爱海军，并且曾担任过国家海军部的秘书。最后，这位将军说："至少，

总统先生，你不要把海军说成'我们'，而把陆军说成是'他们'吧！"
这里话头是"没有真正充满敌意的听众"。而所引用的幽默故事并不能使
听众一目了然地感到罗斯福的"敌意"，或者消失了的"敌意"，因而有
牵强之感。

牵强是套用幽默故事之大敌，因为它不但无助于你表达的观点，而且
引起听众注意力的分散，以致造成对你表达观点的干扰。掌握一些现成的
幽默语言、逸事、故事以后，不但要做到不为所制，而且更重要的是灵活
自由地套用它来说明自己的观点，解决自己面临的困境，这时，要有一种
勇于发挥的气魄，切忌拘谨。

有这样一则幽默逸事。

决战前的高层军事会议正在举行，统帅和将军们在全神贯注地研究作
战方案。然而此时会议桌旁却传来了鼾声，原来有人竟然呼呼入睡了。这
时统帅站起来对发言者打招呼："轻点、轻点，那边有人睡着了。"于是
一阵哄堂大笑把那位酣睡者惊醒了。

有一位大学教授正在讲课时发现课堂上有学生睡着了，于是他中断了
讲课，即兴引用这段逸事说："现在有人睡着了，这是对我最委婉的批评。"
学生们活跃起来。于是他把那次军事会议上的逸事讲了一遍，有些学生们
抿着嘴笑起来，接着这位教师把这个故事发挥下去。

"老师讲课，学生睡觉，无非是两个原因！一是老师讲得实在无味，
这自然怪不得学生。二是学生实在太困了。这是一种生理反应，不以主观
意志为转移，与其勉强睁着眼，装着听得入迷的样子，不如干脆小睡片刻，
等精神振作起来再听合算。小睡片刻只损失了片刻的时间，而勉强熬着倒
把全部时间浪费了，既没有听进去，也没有休息好。对于教师来说，学生
睡觉，与其说是对他威信的一个打击，不如说是对他幽默感的一种考验。
只有毫无幽默感的无能的教师才把昏昏欲睡的学生斥责一顿。其实学生可
能是冤枉的，谁能断定他是打扑克，还是学雷锋做好事帮老乡到凌晨三点

才回家呢？教师哄堂大笑起来，大家扭头看那位酣睡的学生。这时不但睡意全消，而且神采飞扬地和大家一起分享教授的幽默。他不但没有对教授的讽喻产生任何抵触情绪，反而对教授更加尊敬。这位教授的成功，不仅是灵活套用的成功，而且是大加发挥的成功。在发挥时，就不仅是套用了，而是创造幽默了。在这里自我调侃与讽喻对方，真话傻说与傻话傻说，将谬就谬与引人就范等幽默方法可以交替运用。只有到了可以大加发挥，而且发挥得很幽默的程度才能说你的幽默感已经有了提高，你所掌握的幽默知识已成为你生命的一部分，而幽默已经开始渗透到你的心理气质之中了。

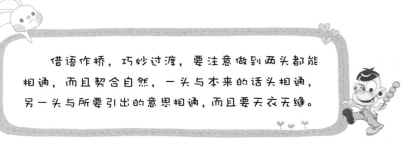

借语作桥，巧妙过渡，要注意做到两头都能相通，而且契合自然，一头与本来的话头相通，另一头与所要引出的意思相通，而且要天衣无缝。

"我就是他的遗物"

"借语作桥"，顾名思义就是"借语"作为"架桥"的材料，以便顺利过渡，至于"语"如何"借"，"桥"怎样"架"，就是接下来我们所要重点解决的问题，也是掌握本法的关键所在。

我们知道，向人家借东西得有一个前提，就是人家有这个东西，如果人家压根儿没有这个东西，你再怎样绞尽脑汁也是无济于事的。在这幽默中"借语"也有个前提，那就是对方本来的话里包含着两个可能：第一，按常规思路向东的可能性必须很明显，是不言而喻的；第二，向西的可能

性是隐蔽着的，在一般情况下是不为对方注意的。具备这两个条件之后，我们就可着手来"借"了。

至此，我们应该明白作为幽默的任务就是在讲话的过程中突然把向东的可能性按下，而把向西的可能性提出来。在通常情况下，本来话头表面的意思都不是幽默家要讲的话，要讲的话得从本来的话头中引申出来。这种引申过渡重要的是自然，如不自然，则牵强附会。这时，最值得考究的就是过渡的桥梁了。这个桥梁要有一个特点，那就是两头都能相通，而且契合自然，一头与本来的话头相通，另一头与所要引出的意思相通，而且要天衣无缝。如果以语义作过渡，就是一语双关。如果以语音作过渡，是同音异义。

一语双关与同音异义都是语词本身固有的，其数量有限。如果要超出这个有限范围，则可以用语义暂变之法，将一个在有限范围内才适用的词语自由地转移到非适应范围之内，造成词义的引申意义的错位，以表达一种特殊的情致，但是这一类的方法要求对词语的中心意思与引申意义有高度的敏感，一般人要进入这种境地很不容易。通常用得最多的是抓住对方讲话中的词语（或概念）来搭桥，例如一对夫妇的对话。

丈夫："你从来不懂得钱是什么，你总以为任何特价品都是打五折的东西。"

妻子："所以我才嫁给你，你的聪明也是打过折扣的。"

这就用不着伤脑筋去找寻一语双关、同音异义或导致语义暂变的上下文了，你只要把双方的话中的一个词语（或概念）接过来组织在你自己的另一句对方不愿听到的话中，反攻过来就成功了。

借语作桥难的不是寻找两头契合的词语，而是从对方的话头中看中一个词语，把它抽出来，这个词语要便于组成你自己的语句。这好像是小学生的造句练习，不过比小学生多了一个要求，那就是造出来的句子意思不得与对方的愿望一致或相似，只能与对方的愿望相反或相悖。

邻居有一次在马克·吐温的图书室浏览书籍，发现有一本书深深地吸引了他。他问马克·吐温是否可以借阅。马克·吐温说："欢迎你随时来读，但是你得在这里看。你知道我有个规矩，我的书不能离开这栋房子。"马克·吐温的幽默感表现在借用对方的语词表述了与对方意愿相悖的意思。

约翰逊先生不幸去世了。他的朋友对年轻的约翰逊太太说："夫人，我想要一件老朋友的遗物作为纪念，可以吗？""完全可以，"约翰逊太太伤心地回答，"我就是他的遗物。"约翰逊太太以"遗物"作为"桥梁"，巧妙地表达了自己对丈夫诚挚的爱与怀念。

官员："你有穷亲戚吗？"

候选人："可能有吧，但是我不认识他们。"

官员："你有富亲戚吗？"

候选人："也许有，可是，他们不认识我。"

这里的幽默感更强些，原因是两次答话在形式上贴得更紧，不但都有"不认识"在其中，而且有句法的相似性，只不过主谓语颠倒了一下，而内容则完全相反。二者的契合与相悖所形成的反差越是强烈，幽默也就越强烈。它的好处虽然语含反驳，但仅限于暗讽，而不是明刺，因而具有硬中有软、软中有硬、软硬兼施之效。在公众场合可用，在私人交往中也可用。特别是在你想要表示对某人的嫌恶，而又不想直接与之冲突的时候。

在大街上，一个油头粉面的男子，盯着一位漂亮的姑娘。姑娘突然停步，转身问他："你老盯着我干吗？""你太美了，我爱你！""我算不上美，我的妹妹在后边，她才美呢！"这男子转身就走，但碰到的是一个老太婆。"你骗我。"男子回头来找这个姑娘。姑娘轻轻一笑："你先骗我！如果你真觉得我美，就不会往后面看别人。"

这个姑娘的机智在于先诱导对方讲出一个"你骗我"来，再借此语作桥，反攻过去。一般的借语作桥是借对方的一个词语，另造一句，而这里却把对方的整个句子借过来原封不动地奉还，出自不同的人口中，就成了完全

相反的意思，构成了高度的幽默感。"语"借了，"桥"也架了，现在我们来看看借语作桥的功能。它可以用于斗智性的戏谑，也可用于一般性的调笑，也可用于暗讽，其特点是抓住对方话头中一个词语，构成一个无任何攻击性的句子。

如果你丈夫气喘吁吁地跑来对你说："我一路跟着公共汽车跑了回来，省了五毛钱。"你就可以把"省钱"这个词接过来，把他送到一个极端荒谬的境地中去。例如：你可以这样说："你还不如跟在出租汽车后面跑，那可以省下十块钱。"或者你可以这样说："这样一来你就可能把这省下的五毛钱放在鸡窝里去孵，过一个月就省下15元，过一年就省下180元了。"接过话头很容易，对你的幽默感的考验是在接过话头以后，如果你说出一本正经的话："好极了，跑步可以锻炼身体。"或者说："你每天都这样跑，可以把省下来的钱给儿子买一辆新自行车。"这都大煞风景，因为借语作桥的目的，不是讲普通的实用的道理，而是开玩笑，开玩笑则意味着把对方引入到假定的荒谬的境地。所以接过话头以后主要是让想象的翅膀展开来，你要敢于往不可能、不现实的地方想，往荒谬的、虚幻的地方想，千万别死心眼、傻乎乎，越是敢于调皮捣蛋、越是善于胡说八道，越是逗人喜爱。

"谢谢诸位停止鼓掌"

"逆向思维"这几个字也许大家并不陌生，或许还非常熟悉，因为在学习中，我们经常会用到它。可在现实生活中，我们可能不太习惯于运用它，更不要说把它应用于幽默当中。那么什么是幽默中的"反向求因，逆常而行"呢？

我们先来看看下面几则例子：

甲："你的戏演得真不错啊！当你离开舞台的时候，我亲眼看到观众都在热烈鼓掌。"

乙："这是因为大家都知道我从此以后不再上台，我被开除了。"

是鼓掌，也可能是由于蹩脚的演出终于结束，这种可能极小，但是不能排除。即使你明知事实不一定如他所说，而他的自我调侃，故意歪曲事实，你也不能不为他抓住了百分之一的可能性而惊异，特别是这种可能的理由与你通常习惯的完全相反，这就构成了与常理的反差，反差越是大，可笑的程度也越大。这种幽默方法要求在推理过程中善于钻空子，特别是往反面去钻空子。我们把它叫作反向求因法。

主人和朋友谈自己的狗："这是一只十分出色的看家狗，任何人走近我这房子，它就会立即让我知道。"朋友问道："它一定叫得很厉害，不让生人走近吧！""当它飞快地钻进我沙发下面的时候，我就知道有人来

了。"这里用的方法仍然是反向求因法。有人来了，狗叫，通常是因为机警勇敢的狗在守卫门口，当主人在给朋友造成一种对常规因果关系的期待之后，突然往反向一转，原因恰恰是狗的胆怯。非常规的因果与常规因果之间反差是如此之强，怪异之感油然而生。

在生活中有某种常态，思维中有某种常理，人们的联想都为这种习惯了的常态和常理反复训练达到自动化的程度，以至一个结果出来，便会自动地联想到通常的原因。比如，一个演员在舞台上演出结束时，观众报以热烈的掌声，按常态和常理来说，这自然是因为表演得出色，观众满意。生活中常态是占绝对优势的，但并非无例外，常理也并非滴水不漏。

有一次，萧伯纳脊椎骨出了毛病，需要从脚跟上截一块骨头来补充脊椎的缺损。手术做完以后，医生想多捞一点手术费，便说："萧伯纳先生，这是我们从来没有做过的新手术啊！"萧伯纳笑道："这好极了，请问你打算付我多少试验费呢？"同样是新手术，医生以其新而引申出难，意在多索取报酬，而萧伯纳却把新引向了第一次试验，反过来说，自己的身体成了试验品。这则小故事妙就妙在萧伯纳抓住了"新"这一核心概念，偷换角度从相反方向引申，得出相反的因果关系。像这样的事例也很多。

几个人在一起聊天，话题谈到在座的人谁最怕老婆。其中有一位和尚说："我最怕老婆。"

众人大为惊讶，和尚笑道："就是因为怕老婆，所以才不敢娶妻。"

一次，基辛格到某地演讲，受到了热烈欢迎，听众席上，掌声雷动。当掌声终于停下来后，基辛格说："谢谢诸位停止鼓掌。因为要我长时间表示谦虚，是件十分困难的事。"

以上两例都运用了反向求因法，是属于纯粹调笑性的，有利于活跃气氛。

> 暗示影射法收敛了反说式的锋芒，克服了直说式的淡而无味，婉转达意，点到即止。"余音绕梁三日"让人回味无穷，故而颇受幽默青睐。

"不，我是牙科医生"

"暗示影射"也是幽默术中比较常用的一种方法。对一个事物表达自己的看法时，可以采用多种表达形式，有直说式，即简洁明白，直截了当说出，不拐弯抹角；有反说式，即从完全相反的角度，以反语的形式表达自己的观点或看法，一般多用于嘲讽；直说式太过于明了，透明度太高，因而也就平淡无奇，无多少幽默感；而反说式却过于尖刻，攻击性太强，一般场合不宜采用。暗示影射法收敛了反说式的锋芒，克服了直说式的淡而无味，婉转达意，点到即止。"余音绕梁三日"让人回味无穷，故而颇受幽默青睐。

我们的先人常常运用这种暗示的方法，创造并留下了一个个令人发笑的故事。

刘墉是乾隆的宠臣。一天，刘墉问乾隆："陛下，今年尊庚多大？"乾隆回答说："今年四十五岁，属马的。你呢？"刘墉回答说："臣也四十五岁，属驴的。"乾隆感到惊奇，说："同样的岁数，朕属马，爱卿怎么属驴呢？"刘墉垂手回答说："万岁属马，臣怎能同属，只好属驴了。"

解缙性情刚直，常用诗文嘲讽当朝权贵，遭到一些人的嫉恨。在一次宴会上，一个大臣当众讥弄解缙，就出了一句上联："二猿断木深山中，

小猴子也敢对锯（句）。"解缙一听，想了想就对："一马陷足污泥内，老畜生怎敢出蹄（题）。"弄得那个权臣面红耳赤，哭笑不得。在现代社会里，用暗示影射的事例更是比比皆是。

某先生做错了一件事，为此妻子不但不理解，反而唠叨不休。某先生心中火气陡地升起，说道："请别这样唠唠叨叨好不好，不然，我要在桌上痛打十巴掌了。""关我屁事，打，打呀。"想到肉痛的不是她自己，妻子反而鼓励说。但是某先生说："经过了这十巴掌的锻炼，第十一巴掌打在肉上可就有些功夫了。"妻子戛然而止，她大概领会到了先生内心的火气，不愿让脸作为他练功夫的沙袋吧。在这个幽默里，先生打了十巴掌，第十一巴掌打在什么地方，就是一种暗示。这个暗示包含了如下意思：先生心中很火、很烦，他需要理解和清净。现在先生得不到这些，反而遭受另一种折磨。对先生这种情况，妻子最好住口，不然先生要真打人了。"功夫"一词，则承担了幽默的任务。

哥尔登先生观看拳击赛，每当拳击师击中对方的面颊，他都高兴地拍手称快。邻座问他："先生，您也是拳击师吗？""不，我是牙科医生！"哥尔登先生答道。邻座表面上问的是职业，但他想知道或想确证的是，为什么拳击师每击中对方的面颊，你都高兴地拍手称快呢？是不是因为你是拳击师，能与台上的拳击师共鸣，产生相同的快感呢？而哥尔登的"我是牙科医生"不仅回答了邻座的表层含义，而且用暗示的方法回答了邻座的暗含义。我不是为拳击师的精彩表演喝彩，只不过是因为拳击师为我又打造了一位顾客，我是为我的生意而高兴。"言止而意不尽"就是此则小幽默的极妙之处。

一位犯人就要上绞架了，牧师来到他的面前说："我的孩子，让我来告诉你一些上帝的话吧。""不用了，牧师先生，"犯人平静地说，"再过一会儿，我就要面见他老人家了。"犯人借用"上帝"一词，用暗的方法，委婉地拒绝了牧师先生临终的"祷告"。运用暗示影射法，可以照顾情面，

化解矛盾；可以增进友谊，克服困难；可以婉转达意，避免灾难；可以转危为安，化祸为福，用于学习、生活、工作的各个方面，使人们的生活质量提高。

> 无理而妙，绝处逢智有两个关键点：第一，不为窘境所拘。第二，对产生窘境的原因作想象的、玄妙的甚至荒诞的解释。

"我是卖梯子的"

钢琴家兼幽默家波奇，有一次在美国密歇根州的福林特城演奏，发现全场座位不到五成，他当然感到失望，而且很窘迫。但是他不为窘境所拘，相反，他在窘中求趣，以幽默的语言打破了窘境。他走向舞台向听众说："福林特这个城市一定很有钱。我看到你们每个人都买了两三张票。"于是大厅里充满了笑声。

这种化消极现实为积极情致的幽默，有两个关键点。第一，不为窘境所拘。第二，对产生窘境的原因作想象的、玄妙的甚至荒诞的解释，并让在座的人与你一起分享你精神的自我解脱。这位钢琴家的成功就在于他对空座位原因的解释是这样荒诞，又是如此奇妙，以至于一刹那，由于幽默的胜利产生的喜悦感大大压倒了演奏会失败的挫折感。对于这位钢琴家来说，与其说是幽默的胜利，不如说是他敢于荒诞地曲解失败的胜利。他奇妙的解释是进入荒诞境界的结果。如果荒诞性不够或不奇妙，则幽默感也会相应地减弱。

当一个竞选者身陷反对者的包围时，境况的窘迫是可想而知的，但聪慧者往往能化解困境。下面摘录了三个人化困的言语：

第一个人说："谢谢你们，要不是你们的支持，我不可能当选。"

第二个人说："很感谢各位，要不是你们反对我的一些鸡毛蒜皮的事，我早就落选了。"

第三个人说："很感谢各位，你们那样反对我也没有把我送上断头台，要不然我即使获胜，也不会没头没脑地站在这里。"

很显然，第三个人的幽默意味更强。因为它除了更荒谬些以外，还更像一种歪理，这得力于"没头没脑"的双关语，使之有一种荒谬的逻辑性。窘中求趣，是一种愿望，但如果没有勇敢的、超乎常人的荒谬的想象，那也只是愿望而已。有了这样的想象而不善于在想象中借助偶然的因素来构成某种歪曲的推理，也是很难成功的。荒谬之妙，就在于荒诞的逻辑性。

荒谬性的逻辑可以归结于一句话：即"无理而妙"，越是幽默同时也就越带纯调笑性，纯调笑越强，与某种切合实际的想法和道理的距离就越远。反过来说，越是一本正经地把道理讲得头头是道，也就越不幽默，越不幽默也就越可能带上某种现实推理的特点。越是带上现实的推理性，幽默就越是让位于机智。

在阿拉伯民族的民间传说中有一个机智幽默的大师朱哈，在极端的困境中他常以机智取胜。朱哈想进一座锁了门的果园，他用梯子爬上果园的篱笆，又把梯子搬进园里，再沿着梯子下去。刚一下梯子就看见园丁在等着他。园丁问："你是谁？至此有何贵干？"朱哈说："我是卖梯子的。"园丁说："怎么跑到这里来卖梯子？"朱哈说："老天爷，难道你不知道梯子是到处都可以卖的呀！"机智使朱哈摆脱了偷盗的嫌疑。他的妙处不是荒诞，而是很现实，现实倒是真实的。如果说窘境中的幽默可以"无理而妙"的话，那么窘境中的机智则非得"有理而妙"不可。

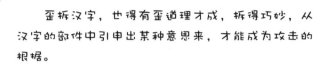

歪拆汉字，也得有歪道理才成，拆得巧妙，从汉字的部件中引申出某种意思来，才能成为攻击的根据。

"把大人的姓从中劈开"

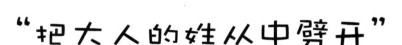

歪拆姓名，主要用于戏谑。例如：

隋朝有两个人，一个姓马，一个姓王。二人吃酒谈笑，姓马的嘲笑姓王的说："王是你，原来本姓二，为你慢走来，将你钉了鼻。"姓王的反过来嘲笑姓马的说："马是你，原来本姓匡，拗你尾子东北出，背上负王郎。"两人大笑。在戏谑的过程中，互相交锋往往不是一个回合，而是几个，善于斗智者不能指望一个回合了结，在进攻时就得准备反攻过去，因而在进攻时要善于引人就范，把对手诱入你的圈套。

《雅谑》中有一个故事《煮熟狗》的故事。唐朝的著名官员狄仁杰和他的下属卢献开玩笑说："把足下和马放在一起就变成了驴。"卢献回敬过来："把大人（的姓）从中劈开就成了两条犬。"狄仁杰说："我的'狄'字一边是反犬，一边是火。"卢献说："犬边上有火，是煮熟了的犬。"卢献的官比狄仁杰小，可幽默感比狄仁杰强，原因是他在进攻时就想着反攻。歪拆汉字，进攻对方并不太难，但要在进攻时就准备好反攻就相当难了。但是歪拆汉字，也得有歪道理才成，这就看你拆得巧妙不巧妙了，拆得巧妙，从汉字的部件中引申出某种意思来，才能成为攻击的根据。以名字为根据来嘲笑对方，本来是没什么必然道理的，你如果从中挖出一点，哪怕是偶

然的、任意的、站不住脚的歪道理来，这种歪理和双方心照不宣的正理形成一个对照，幽默感就产生了。因此，构成幽默的关键在于从文字的部件中寻求某种任意的、明知站不住脚的理由。这就得有一点智慧，起码对于汉字的结构有比较足够的知识，否则无从拆起，另外，还得有一点任意发挥的本领。

懂得一点汉字的结构知识并不难，但是能够把汉字在分解的过程中任意发挥则不容易。通常人都太死心眼，太拘泥于科学的道理，以至于有这样的情况：对于汉字知识掌握得越多，他越是挥洒不开，幽默不起来。幽默毕竟与科学不同，不能没有机智，但是要有一种自由、任意的情感，这种情感常常是超越于科学理性的。在歪拆汉字时，关键不在拆，而在歪。

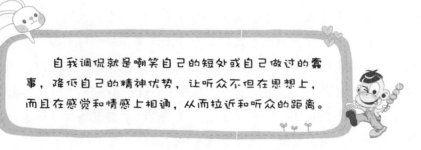

自我调侃就是嘲笑自己的短处或自己做过的蠢事，降低自己的精神优势，让听众不但在思想上，而且在感觉和情感上相通，从而拉近和听众的距离。

"这是上帝的过错"

社会交际过程中，我们经常会遇到这样的情况，演讲或发言者在台上说得津津有味，眉飞色舞，而台下或睡倒一片，或交头接耳，叽叽喳喳。为什么会出现这样的情况呢？因为你是你，我是我，台上发言者与台下听众在思想与情感上没有沟通，无法产生情感共鸣，大家处于"各自为战"的状况。你遇到过这样的情况吗？你是干着急呢，还是让这种局面继续下去，还是硬着头皮讲完……这里给你一剂"良方"——自我调侃，可助你

一臂之力。自我调侃就是嘲笑自己的短处或自己做过的蠢事，降低自己在台上的精神优势，让听众放松，听众不但在思想上，而且在感觉和情感上与演讲者相通，从而拉近听众的心，缩短演讲者与听众之间的心理距离。自我调侃是心灵的通道，是心灵沟通的最有效的方法。

美国的赫伯·特鲁在《幽默的人生》一书中，把自我嘲弄列入最高层次的幽默。自我调侃无非两种：

一是嘲笑自己的短处和长相。如：我国的一位女歌星，歌唱得好极了，相貌平平。有人问她："你有男朋友吗？"

"没有！"

"为什么？"

"这是上帝的过错。"

"这话怎讲？"

"他把所有的女歌星都创造得那么美，而把我的形象创造得太差，让我比其他女同行更多的丢人现眼，这样男同胞们谁还敢光顾我呢？"

这位女歌星的长相或许不如一般歌星那样漂亮，但绝非丑陋不堪，丢人现眼。正是由于这种明显不实的自我贬低，就产生了一种特别超然的自由情趣——幽默感不但保护了自己，也缩短了彼此之间的心理距离。

在某大学举行的一次以"寝室文明"为题的演讲竞赛中，参赛选手20余名，其中百分之九十以上都用抒情的语言讲述他们美化寝室的劳动。倒是有一位中文系的学生，他住在校外的公寓里，那里由于不是学校直接管辖的，因而比较混乱，他没有以抒情性的语言去描述其劳动的艰巨性，他是这样演讲的：首先他把自己描绘成一个"游牧部落的酋长"，尽可能地强调自己的可怜相，甚至以夸张的语言说出自己怕寝室在未经整治前有一种"气味"，如果出口到美国去，准可以熏死更多的伊拉克士兵，而用不着动用先进的导弹。由于这位演讲者别出心裁，采用自我嘲讽、自我贬抑的语言，博得听众由衷的笑声和热情的掌声。

二是嘲弄自己做过的蠢事，这是更深层次的。

老王夫妻一起双双走出家门。女邻居问："喂，王嫂，昨晚你们家干吗？好像有一件很重的东西从楼梯上扑通通地滚下来，搞得我心神不宁。"老王夫妇一时不知如何回答，老王忙说："没有什么，我和你嫂子吵架，她吵不过，就把我的袍子摔了，袍子从楼梯上往下滚，所以扑通通响。"女邻居诧异道："袍子滚下来，不会有那么大的声音吧？"老王说："你不知道，袍子里还有一件东西。"女邻居问："什么东西，没摔坏吧？""不会坏，那是我。"老王的自嘲，幽默风趣，化解了老婆难于启齿的尴尬，同时也为自己赢得了最大的自尊。更为独特的是以嘲弄的态度来对待自己的优点。这是一种聪明的自我推销技巧。英国商业巨子博利斯有一次当众谈起自己的创业史时，说："我太不应该弃文从商了，想到自己近几年赚的钱太多，什么都有了，就是不知道该再做点什么。"博利斯的话语表面给人一种遗憾，而深层里却蕴含得意，二者形成反差，令人哑然失笑。

自我调侃和通常人追求的自我尊重的心理惯性恰恰相反，因而显得怪异，但是自我调侃并不是自尊心的贬值，而是相反。因为这种自我调侃并不是全真的，而是半真半假的，有时甚至是虚构的。自我调侃其中也有些真的成分，但是，和通常情况下看得很严重不一样，你把它看得很轻松，很不当一回事，不管是你的缺点还是你的优点，这就显得你很有胸襟，在显示特别宽广的胸怀方面，你获得了更大的自尊。

面对刁难，如果我们直接抱怨，或义正辞严地拒绝，或粗鲁地表示不满，显得很没风度，也不会有好的效果，而幽默地表达出来，更易于为营业员、推销员、售货员接受。

"现在总统没来"

著名法国幽默作家特里斯坦·贝尔纳有一天去一家饭馆吃饭，对那里的服务态度很不满意。付账时，他对饭馆的经理说："请拥抱我。""什么？"经理感到纳闷。"请拥抱我。"贝尔纳显得很认真。"到底是怎么回事啊？先生。""永别吧，以后您再也别想见到我了。"作家以大胆而新颖的幽默表示了自己的强烈不满，这种彬彬有礼的抗议方式肯定会给饭馆经理以强烈的震撼。

一位旅客到晚上还没找到住处。他去过的几个旅馆都说客满了，再不想办法，恐怕要露宿街头了。他又走进一家旅店，总服务台的小姐告诉他："对不起，我们的房间全部客满了。"旅客问："假如总统来了，你可有房间给他？""当然有。"服务员小姐回答。"好，现在总统没来，"旅客笑着说，"那么你是否可把他的房间给我？"旅客巧设悬念，让服务小姐主动上钩，以幽默来对待服务小姐的拒绝。

有一位顾客要给老母亲买一份生日礼物，他在一个私人开设的礼品店里看中了一个血压计，可是他觉得价格偏高，便要求老板便宜些卖给他。老板是个精明的人，他抓住买寿礼这一点，对顾客说："送老人的东西哪能专挑便宜的？你这么有孝心，会在乎这点钱吗？"

这话的确很有分量，一般人也许会被"孝心"这顶帽子挡回去。可是这位顾客从容应对："孝心我确实有，但如果我以这个高价买回去，她老人家的血压可能降不下来了。"老板听后，生意终以八折成交。营业员为了经济利益，常用各种说词，劝你以较高价格买下他的商品，这时，你可以巧妙地利用幽默，与其讨价还价。

有个小孩常被母亲指派到附近的自由市场去买东西。这次，他要买两块钱西红柿，从摊主手里接过来掂量一下，觉得分量比以往买的都轻，就对摊主说："阿姨，如果分量不够，妈妈要骂我的，你是不是再称一称？"摊主不在乎地说："傻孩子，轻一些你提起来不就轻快些吗？""那倒是。"小孩想了想，数出一块钱，放在菜摊上，转身就走。"哎，你还没交够钱呢！""钱少一些，你不是好数些吗？"小孩快速跑开了。聪明的小孩以牙还牙，幽默地还击了摊主的缺斤短两。

日常生活中，我们也经常会遇到与此类似的情况，如果我们直接抱怨，或义正辞严地拒绝，或粗鲁地表示不满，显得很没风度，也不会有好的效果，而幽默地表达出来，更易于为营业员、推销员、售货员所接受。

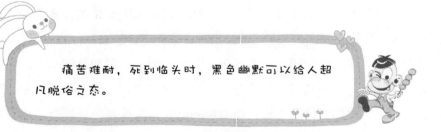

痛苦难耐，死到临头时，黑色幽默可以给人超凡脱俗之态。

"在我肚子上装个拉链吧"

幽默是一种精神的自我解放，在困惑时需要，在痛苦中尤其需要。为

了获得精神解放，就必须超越生理的痛苦，如果生理痛苦是微弱的，则易于超越；生理痛苦越强烈，则越难以幽默。如果痛苦到威胁生命还能超越，那就是黑色幽默的一种形式了。

20世纪50年代，有个相声是讽刺外科医生的。有一个人患了盲肠炎，医生开了刀，盲肠是割了，伤口也好了，可肚子还是疼。经过检查，原来是医生把手术刀忘在病人的肚子里了。于是重新开刀，把手术刀拿了出来，可病人肚子疼，原来是纱布忘在肚子里了。又开刀，还是疼，原来棉花忘在里边了。又要开刀，于是病人对医生说："你还不如在我肚子上装个拉链呢！"把拉链拉来拉去很方便，一点也不痛苦，和痛苦的反复开刀联系起来，这是一种精神与心理的超越。这种超越有两难：一难是把眼前的切身痛苦忘掉；二难是把不同的东西扯在一起。

美国有位名叫布曼的作家专门收集了一些死刑犯临刑前与刽子手开玩笑的事例。其中一些比较突出的事例是：一名杀警死囚特拉西被押解到绞刑架前，身上穿的是宽大的外衣。行刑官觉得对行刑不方便，就问他是否愿意脱下这件外衣，他说："不必，我担心会感冒。"

另一个死囚犯的脖子上已套上了绞索，行刑官照例问他还有什么要说的，他说："我确实有话要说，但不是现在。"

一个叫查列斯的死刑犯，正在享用最后的丰盛晚餐时，通知来了，他的死刑改为缓刑。他不但没有快乐的表情，反而有些失望地说："照你这么说，我就不能享用这么丰盛的晚餐了？"

这说明，幽默的运用范围很广，即使到了丢脑袋的关头，富于幽默感的人仍有足够乐观的心理能量去超越生命行将结束的恐怖，使思路转移到轻松愉快的玩笑上来。反过来说，我们还没有达到丢脑袋的境地，就更有条件去超脱一般的痛苦了。这就要求我们心胸特别宽广，不管在一般人看来多么严重的事，都不要把自己自由活泼的天性闷死。也可以说，情况越是严重，精神越是要放松。美国总统里根曾被行刺者击中肺部，脱险后，

记者们问起此事，他说再也没有比子弹飞过鼻尖更令人兴奋的事了。幽默的关键在于不把生命当一回事，彻底放松。

> 即兴幽默，备而发之，虽然"即兴"在字典上的解释是说："不假思索、随兴而起的说话或举动，但事实上我们听到的许多即兴之言，都是经过计划和准备的结果。

"你正说到我喜爱的人"

　　有一句妙语曾对即兴幽默做过这样的概述："一个即兴的人就是花了一整晚的时间去背诵偶发的笑话的人。"虽然"即兴"在字典上的解释是说："不假思索、随兴而起的说话或举动，但事实上我们听到的许多即兴之言，都是经过计划和准备的结果。俗话说："冰冻三尺，非一日之寒。"幽默的力量其实并不像表面上看到的那样全凭一时偶发的灵感而获得。英国首相狄斯雷利有一次演讲完毕，有个年轻人向他道贺："您刚才真的讲了一篇很棒的即席演说！""年轻人，这篇即席演说我已经准备了二十年！"他回答说。创造即兴演说，也是要自己做的。自己发挥并运用幽默力量，不仅是偶尔为之，也不只是逢场演讲时，而是在任何适当的机会都是如此。

　　日本作家夏目漱石有一次以英文小说为题材，作写作技巧方面的学术演讲。当他谈到该小说某一部分时，将一位同学叫起来问："这部分相当难，你知道怎么翻译吗？"这个同学回答："不知道！"他又问另一位同学，那个同学说："我也不太懂。"夏目漱石把全班同学一一叫起来询问，答

案都是不知道。同学们问："老师，那究竟应该怎么翻译呢？"没想到夏目漱石竟然洒脱地回答道："就是因为我也不懂，所以才一个个把你们叫起来问呀，哈……"如果每个老师都像夏目漱石那样幽默，那么，学生们在上课时就一定不会打瞌睡，而且还会充满活力，学习就会既起劲又认真。

有时候，即兴幽默比演讲的内容更令人难忘。

有一次，一群毕业旅行的学生来到一座著名的古刹游览。他们先到寺院正厅参拜佛像，然后集合在寺院前听一位白发老僧作古刹历史的演讲。也许是因为讲述的内容过于刻板无奇，学生中有人开始不耐烦地聊起天来，而且谈话声愈来愈大。但是老和尚仍然继续向学生讲述"曾有许多大人物造访过本寺……"，这时他略微停顿了一下，然后又微笑着以平静的声音说："那位大人物当时所坐的位置就是……"他边说边望着学生们，脸上的笑容也逐渐消失，甚至给人一种不寒而栗的感觉。就在此时，他指着一名学生大喊道："就是那个地方！"学生们刚看到老和尚的奇怪举动都非常吃惊，等到他喊完那句话以后，大家才哄堂大笑。这次又惊又怕又好笑的经历，想必定会成为他们一生中最难忘的回忆。

喜剧演员富兰克·费伊，因在困难的情况下还能即兴表演而出名。有一次在夜总会表演时，有一位听众故意发问责难他，最后大叫："啊！你这个混账！""这位先生，你小心一点！"费伊回答说，"你正说到我喜爱的人。"

只要我们平时做生活的有心人，储备一定的幽默素材，掌握一定的幽默技巧，在实践中运用，努力去做，相信切题的思想、妙语和趣味短文，都会自然而然地从你的心里跳跃出来。那时，你就真的能够自觉表现你的机智，在演说中，在日常生活中都能赢得他人的尊重。

动作夸张，体态滑稽。体态语的幽默主要是对生活中的动作姿态的夸张。表达时要自然，不能太离谱。

"因为笑已经死了"

我们知道夸张的言辞可以产生幽默，令人捧腹，却往往忽略了体态的表达。夸张变形的体态，例如扮鬼脸，做怪相，装傻样等，同样可以传达出幽默，甚而更具魅力。霍布斯有一个著名的观点："笑是当我们认识到自己强于别人或强于自己的过去时所产生的突然的荣耀的表现。"因此，只要让对方感到优越，就能逗笑对方，使自己出洋相就是产生幽默情趣的最好的方法。

有一天，著名的小丑浦洛莱斯徒劳无功地说了一大堆笑话，都没有使客人露出笑容。于是，客人们有点吃惊地看到这个不幸的小丑一头栽倒在床上放声大哭。人们问他为何，他痛苦地蜷缩着说："人们都不会笑了，我也完蛋了。迄今为止，人们之所以请我吃饭，就是因为我逗他们笑。现在还有什么人来请我吃饭呢？我要饿死了……你们的浦洛莱斯死了，因为笑已经死了……"看着他拼命地擤着鼻涕，绝望地跺着脚，所有的客人都一起大笑起来。小丑使出绝招，边说边辅之以滑稽的体态语，终于胜利了。本来人们以为表演已经结束，后来却发现表演仍在进行，小丑这招非常厉害，人们看到他承认失败时，不经意已陷入了他设的圈套。失败的错觉变成了胜利的事实。

对小孩子扮鬼脸可以逗得他们哈哈大笑，如同济公的"一半脸儿哭，一半脸儿笑"足以使人忍俊不禁的。扮鬼脸如用于谈情说笑时，此时男女双方均进入一种心醉神迷的境界。这时候无论哪一方适当地做鬼脸，都可以收到很好的幽默效果。当然，抢鬼脸不是件简单的事。著名喜剧大师德菲耐大器晚成，着力于平时各种鬼脸的训练，历尽艰辛。做怪相更注重形体的滑稽。卓别林的怪相是很吸引人的，他的翘礼帽、黑西装、长手杖、大皮鞋是组成他怪相的重要道具。生活中，我们可以学跷脚走路，男孩子学姑娘的时装表演，学走秧歌步，学名人演讲等姿态都可出现丑态而引人发笑。

装傻则是故意装不懂。有时，我们会碰到一些善于自吹自擂之士，对他们的刻意表现，我们最好是"装傻"对待，认真地听他们讲，仔细地装出虔诚，时不时问上一句，让他摸不着头脑，待他们悔恨自己"有眼不识泰山"时，调侃意味也就出来了。体态又叫无声语言，一般作为辅助有声语言的辅助性工具运用于交际中。体态语的幽默主要是对生活中的动作姿态的夸张。表达时要自然，不能太离谱。